Roeser · Die Regelgebühren im Zivilprozess

Prüfung und Praxis für Rechtsanwaltsfachangestellte

Herausgegeben von Karsten Roeser

Vielen Auszubildenden und Praktikern sind herkömmliche Lehrbücher häufig zu umfassend und theoretisch aufgebaut. In der neuen vorliegenden Kurs-Reihe *Prüfung und Praxis für Rechtsanwaltsfachangestellte* werden die prüfungsrelevanten Themen zunächst kurz erläutert, dann an Beispielen praktisch veranschaulicht, schließlich in einem weiteren Kapitel trainiert und das Wissen mit zahlreichen, den Kapiteln beigefügten Test- und Prüfungsfragen gefestigt.

Beispiele aus der täglichen Praxis runden die Themen ebenso ab wie Fälle aus vergangenen Prüfungen.

Bisher sind in der Reihe erschienen:

Die Regelgebühren im Zivilprozess
von Karsten Roeser

Die außergerichtlichen Gebühren des Rechtsanwalts
von Karsten Roeser

Die Vergleichsgebühr
von Karsten Roeser

Karsten Roeser

Die Regelgebühren im Zivilprozess

GABLER

Die Deutsche Bibliothek – CIP-Einheitsaufnahme
Ein Titeldatensatz für diese Publikation ist bei
Der Deutschen Bibliothek erhältlich.

1. Auflage Oktober 2000

ISBN 978-3-409-11652-7   ISBN 978-3-322-90012-8 (eBook)
DOI 10.1007/ 978-3-322-90012-8

Vorwort

Sie mögen keine graue Theorie?

Die Kursreihe arbeitet nach einem neuen didaktischen Konzept.

Graue Theorie bekommen Sie hier nicht geboten. Die sog. „allgemeinen Grundlagen" besprechen wir an den Stellen, an denen es in unseren Fällen auf sie ankommt - und schon sind die Grundlagen keine blutleere Theorie mehr, sondern Sie erkennen gleich, dass sie vielmehr höchst konkrete Informationen darstellen, auf die Sie bei der Lösung der Fälle angewiesen sind. Sie wissen sofort, *warum* Sie eigentlich diese Informationen benötigen. Sie finden diese theoretischen Grundlagen in einem eigenen Unterkapitel am Beispiel eines konkreten Falles.

Anwenden lernen - die Fallmethode

Es nützt Ihnen nicht viel, wenn Sie etwas lediglich auswendig lernen. Man muss es auch anwenden können - in der Praxis, in der Prüfung. Können Sie etwas anwenden, haben Sie es auch verstanden, und darauf kommt es an. In den Musterfällen lernen Sie, Ihr Wissen anzuwenden. Darum gibt es in diesem Kurs so viele Fälle und Aufgaben.

Was Sie nicht wiederholen wollen, brauchen Sie erst gar nicht zu lernen.

Es ist unsinnig, gebührenrechtliche und verfahrensrechtliche Zusammenhänge zu lernen, ohne sie auch zu wiederholen. Sie wollen Ihr Wissen ja nicht nur bis zum Abendbrot behalten, sondern eigentlich deutlich länger. Und wissenschaftlich gesehen ist erwiesen: Wir vergessen, was wir nicht wiederholt haben. Wir vergessen sogar, was wir wiederholt haben. Aber je mehr wir den Lernstoff repetiert haben, umso länger können wir ihn in Zukunft ohne weiteres Wiederholen behalten. Einschlägige pädagogische Bücher weisen das mit wissenschaftlichen Untersuchungen schon lange nach - aber darauf brauche ich sicher nur zu verweisen, denn eigentlich hatten Sie das schon lange gewusst oder etwa nicht? Also müssen Sie wiederholen! Aber wie?

Dies ist ein Kurs, kein Lehrbuch!

Hier können Sie besser und viel intensiver lernen: Sie erhalten laufend *Fälle* und *Aufgaben* mit besprochenen *Musterlösungen*. Sie werden angeregt, sie selbst zu lösen. Sie erhalten systematisch alle *Schwierigkeitsgrade* - von ganz leicht bis Prüfungsniveau. So lernen Sie, Ihr frisch erarbeitetes Wissen anzuwenden und können sich gleichzeitig langsam in das Thema hineintasten. Sie werden bewusst zur Mitarbeit angeregt, indem Sie aufgefordert werden, die *Lösungen* in den vorgesehenen Platz zu notieren. Machen Sie davon Gebrauch! Damit trainieren und wiederholen Sie.

Die Piktogramme am Rand zeigen Ihnen auf einem Blick, was zu dem zugehörigen Absatz noch zu sagen ist:

Eine Birne am Rand wie in diesem Absatz weist Sie auf wichtige Informationen oder auf einen Aha-Effekt hin. Das soll Sie aber nicht abhalten, den Rand mit eigenen Vermerken zu „verzieren" - Fragezeichen, Ausrufezeichen, Doppelstriche, Schlangenlinien. Dieses Kursheft ist *Ihr* Heft, und je mehr es Ihr eigenes Gepräge bekommt, umso mehr finden Sie sich darin zurecht und umso besser lernen Sie. Es sind manchmal auch *Hilfen* eingebaut. Diese sind in dem einen oder anderen Falle für Sie entbehrlich - aber für andere sicherlich wichtig.

An vielen Stellen sehen Sie ein Notizbuch – diese Absätze sollten Sie, zumindest wenn Sie noch vor der Prüfung stehen, unbedingt wiedergeben können! Das muss natürlich nicht auswendig sein, es reicht aus, wenn Sie den Inhalt mit eigenen Worten formulieren können. Wer diese Absätze nicht gelernt hat, ist selber schuld! Was Sie in einem solchen Absatz finden, ist wichtig und wird auch in der Zwischen- oder Abschlussprüfung immer wieder mal abgefragt.

Fragen über Fragen!

Am Ende eines jeden Kapitels finden Sie Fragen zu dem jeweiligen Thema. Beantworten Sie diese Fragen laut! Markieren Sie die Richtigkeit der Antworten jeweils mit einem Strich am Rand! Nehmen Sie sich vor, den Kurs erst abzuschließen, wenn Sie bei jeder Frage drei Striche haben setzen können. Die Fragen sind auch deshalb wichtig, weil sie gleichzeitig eine Person ersetzen, die Sie abfragt - denn wer hat einen solchen hilfreichen Geist schon stets zur Hand? Und was hatten wir oben gesagt? Was Sie nicht wiederholen wollen, brauchen Sie erst gar nicht zu lernen.

Der Trainingsteil

Sie wollen ja lernen, aber ohne dass Sie einschlägige Aufgaben lösen, geht es nicht. Wie bereits gesagt: Anwenden müssen Sie können, und Wiederholung ist nötig. Deshalb finden Sie in der Regel am Ende eines jeden Kapitels einen sog. Trainingsteil. Nutzen Sie die Möglichkeit der Selbstüberprüfung, der Vertiefung und der Festigung. Sehen Sie die Lösungen der Aufgaben als „inneren Rechenschaftsbericht" an: Haben Sie das Thema verstanden oder nicht? Nur beim Lösen finden Sie die Antwort!

Haben Sie Anregungen, Kritik, vor allem aber: Verbesserungsvorschläge? Dann mailen Sie mir:

Karsten.Roeser@t-online.de

Und nun wünsche ich Ihnen:

Viel Erfolg!

Neuss, im August 2000   *Karsten Roeser*

Inhaltsverzeichnis

Abkürzungsverzeichnis

Abs.	Absatz
AG	Aktiengesellschaft, Amtsgericht
AVAG	Anerkennungs- und Vollstreckungsausführungsgesetz
BAG	Bundesarbeitsgericht
Bekl.	Beklagter
BGB	Bürgerliches Gesetzbuch
BGBl	Bundesgesetzblatt
BGH	Bundesgerichtshof
BRAGO	Bundesrechtsanwaltsgebührenordnung
BRAO	Bundesrechtsanwaltsordnung
BSG	Bundessozialgericht
BVerfG	Bundesverfassungsgericht
BVerwG	Bundesverwaltungsgericht
d. J.	des/dieses Jahres
DÜG	Diskontsatz-Überleitungs-Gesetz
EB	Empfangsbekenntnis
e. V.	Eingetragener Verein
FGG	Gesetz über die Angelegenheiten der freiwilligen Gerichtsbarkeit
GBO	Grundbuchordnung
GKG	Gerichtskostengesetz
GmbHG	Gesetz betreffend die Gesellschaften mit beschränkter Haftung
GmbH	Gesellschaft mit beschränkter Haftung
GV	Gerichtsvollzieher
GVG	Gerichtsverfassungsgesetz
GvKostG	Gesetz über Kosten der Gerichtsvollzieher
HGB	Handelsgesetzbuch
HS.	Halbsatz
i. d. R.	in der Regel
i. e. S.	im engeren Sinne
InsO	Insolvenzordnung
i. w. S.	im weiteren Sinne
Kap.	Kapitel

KFB	Kostenfestsetzungsbeschluss
KfH	Kammer für Handelssachen
KG	Kommanditgesellschaft
LG	Landgericht
MB	Mahnbescheid
OHG	Offene Handelsgesellschaft
OLG	Oberlandesgericht
OVG	Oberverwaltungsgericht
PfÜB	Pfändungs- und Überweisungsbeschluss
PKH	Prozesskostenhilfe
PZU	Postzustellungsurkunde
RA	Rechtsanwalt
RPflG	Rechtspflegergesetz
S.	Satz; Seite
ScheckG	Scheckgesetz
s. o.	siehe oben
s. u.	siehe unten
VA	Vollstreckungsauftrag
VB	Vollstreckungsbescheid
VerbrKG	Verbraucherkreditgesetz
vgl.	vergleiche
VG	Verwaltungsgericht
VO	Verordnung
VU	Versäumnisurteil
VwGO	Verwaltungsgerichtsordnung
WG	Wechselgesetz
ZPO	Zivilprozessordnung
ZU	Zustellungsurkunde
ZVG	Gesetz über die Zwangsversteigerung und Zwangs- verwaltung

1 Der Überblick: Schnellkurs

Geben wir uns am Anfang nicht mit Spezialfragen ab. Schon mit wenig Wissen kann man einen großen Teil der im Zivilprozess anfallenden Kostenrechnungen erstellen.

Welche Gebühren der Rechtsanwalt für seine Bemühungen berechnen kann, das ist im Wesentlichen in der *Bundesrechtsanwaltsgebührenordnung* (gebräuchlicherweise **BRAGO** abgekürzt), geregelt. Dort finden sich in einer einzigen Vorschrift die Gebühren, die in den meisten Zivilprozessen entstehen. Da sie „in der Regel" entstehen, nennt man sie logischerweise *Regelgebühren*. Wer diese Gebühren kennt, hat den größten Teil der in der Praxis entstehenden Gebühren im Griff. Fangen wir mit ihnen gleich zu Anfang an! Sie sind nämlich nicht schwer, wir haben dann einen Überblick und können schon nach kurzer Zeit die meisten Fälle in der Praxis lösen - und auch in der Zwischen- und Abschlussprüfung kommen sie eigentlich immer vor!

1.1 Ein einfacher Ausgangsfall

Nehmen wir einmal folgenden Fall:

Fall 1 (Ausgangsfall)

Rechtsanwalt R erhebt für seinen Mandanten M Klage gegen B in Höhe von 3.600,00 DM. Nach einer streitigen mündlichen Verhandlung und einer Beweisaufnahme mit anschließender Weiterverhandlung zur Hauptsache ergeht ein Urteil.

§ 31 BRAGO

So oder ähnlich wird es häufig in der Praxis verlaufen. Auf die Unterschiede kommen wir ja noch zu sprechen. Die hier in diesem Prozess entstandenen Gebühren des Rechtsanwalts sind, sieht man einmal von den Postentgelten und der Umsatzsteuer ab, alle in einer einzigen Vorschrift geregelt, nämlich in § 31 BRAGO

Hier noch ein Hinweis: Sie werden sicherlich zu bestimmten Zeiten, etwa vor einer Klassenarbeit oder vor der Prüfung, schnell bestimmte Themen wiederholen wollen. Die jeweils angesprochenen Probleme finden sich in den entsprechenden Fällen. Damit Sie diese schnell auffinden können, finden Sie am Ende des Kursbuches eine Auflistung der Fälle, Aufgaben und Lösungen.

Die Regelgebühren

In unserem Ausgangsfall haben die Parteien gegeneinander prozessiert, also erhalten ihre Anwälte die *Prozessgebühr*. Sie haben auch streitig verhandelt, damit entsteht auch die *Verhandlungsgebühr*, und es ist zusätzlich noch Beweis erhoben worden - die dritte Gebühr ist also die *Beweisgebühr*. Da der Anwalt zusätzlich zu den genannten Gebühren noch *Entgelte für Telekommunikationsdienstleistungen* und *Umsatzsteuer* berechnen darf, können wir eigentlich die Kostenrechnung erstellen - doch *wie* muss die Kostenrechnung erstellt werden?

1.2   Was muss eine Kostenrechnung enthalten?

Die Form der Kostenberechnung

Die Anforderungen an eine Kostenrechnung sind in § 18 BRAGO geregelt.

Nach § 18 I 1 BRAGO muss die Vergütung **schriftlich berechnet** werden. Diese vom Rechtsanwalt zu unterschreibende Berechnung muss gemäß § 18 II BRAGO enthalten:

1. den *Gegenstandswert*
2. die *Beträge* der einzelnen Gebühren, Auslagen bzw. Postentgelte, verauslagten Gerichtskosten und erhaltenen Vorschüsse
3. den *Gebührensatz* (z. B. 10/10 oder 13/10)
4. die *Bezeichnung des Gebühren- oder Auslagentatbestandes* (z. B. Prozessgebühr, Verhandlungsgebühr, Postentgelte, Fahrtkosten usw.)
5. die angewandten *Rechtsvorschriften* (z. B. §§ 11, 31 I 1 BRAGO)
6. evtl. gezahlte *Gerichtskosten*
7. und bereits erhaltene Beträge *(Vorschüsse)*.

Da es für die Lösung unserer Fälle nicht darauf ankommt, werden eventuell gezahlte Gerichtskosten und Vorschüsse hier nicht berücksichtigt. – Damit sind die Formalien geklärt, und wir können endlich die Lösung formulieren. Sie erhalten einige Hilfen. Die Lösung finden Sie am Ende dieses Kapitels.

Ergänzen Sie den nachfolgenden Lösungsansatz:

Lösung zu Fall 1 (Ausgangsfall)

Gegenstandswert:	DM	
10/10		DM
10/10		DM
10/10		DM
Postentgelte, §§ 11, 26 BRAGO		40,00 DM
16 % Umsatzsteuer, § 25 II BRAGO		125,25 DM
Summe:		960,25 DM

Lösung des Ausgangsfalles

1.3 Ersatz von Auslagen

1.3.1 Allgemeine Geschäftskosten

Mit den Gebühren werden auch die allgemeinen Geschäftskosten des Rechtsanwalts abgegolten (§ 25 I BRAGO), sie können deshalb nicht noch einmal berechnet werden. Hierzu gehören die Aufwendungen, die für den allgemeinen Bürobetrieb entstehen, z. B. die Miete der Büroräume, die Gehälter der Angestellten, die Anschaffungskosten für Fachbücher, Büromaterial und Maschinen. Als nicht erstattungsfähig gelten auch Ausgaben für die Mitgliedschaft von Kreditauskunfteien und Fachvereinigungen sowie für Datenbanken, selbst Fahrtkosten innerhalb derselben Gemeindegrenze.

Hier ist kein Aufwendungsersatz möglich!

Andererseits ist zu berücksichtigen, dass der Vertrag des Rechtsanwalts mit seinem Mandanten ein (Anwalts-)*Dienstvertrag* im Sinne des § 675 BGB ist und der Auftraggeber (also Mandant) verpflichtet ist, aufgrund dieses Vertrages die Aufwendungen zu ersetzen, die der Rechtsanwalt den Umständen nach für erforderlich halten konnte (§ 670 BGB). Deshalb hat der Gesetzgeber in der BRAGO lediglich einige Auslagen in den §§ 25 II und III, 26 bis 30 BRAGO geregelt, und zwar sind es:

Ersatzpflichtige Aufwendungen

- der Anspruch auf *Ersatz der Umsatzsteuer*, § 25 II BRAGO, sowie in Verbindung mit § 25 III BRAGO die Ansprüche auf Ersatz
- der *Postentgelte* (§§ 11, 26 BRAGO)
- der *Schreibauslagen* (§ 27 BRAGO) und der
- *Reisekosten* (§ 28 BRAGO).

In der BRAGO geregelte Auslagen

Diese Regelungen sind jedoch nicht abschließend!

Weiterer Aufwen-
dungsersatz nach
§ 670 BGB

Folgende weitere *Aufwendungen* kann der Rechtsanwalt beispielsweise unmittelbar nach § 670 BGB verlangen:

- *Detektivkosten*, soweit sie erforderlich sind
- vom Rechtsanwalt verauslagte *Gerichts- und Gerichtsvollzieherkosten*
- Aufwendungen für die Ermittlung von *Zeugenanschriften*
- überdurchschnittliche *Verpackungs- und Speditionskosten*
- *Übersetzungskosten* und für den jeweiligen Fall
- konkrete *Nachfragekosten* (z. B. bei Datenbanken).

1.3.2 Immer dabei: Entgelte für Post- und Telekommunikationsdienstleistungen

Wie wir oben im Fall 1 (Ausgangsfall), Seite 15, gesehen haben, hat der Rechtsanwalt auch Anspruch auf Zahlung des vom Gesetzgeber hölzern bezeichneten „Ersatzes der bei der Ausführung des Auftrags für Post- und Telekommunikationsdienstleistungen zu zahlenden Entgelte". Da wir solche Bandwurmbegriffe natürlich vermeiden wollen, sprechen wir etwas kürzer von **„Postentgelten".** Was die Rechtsgrundlage angeht, so regelt §§ 11, 26 BRA-GO diesen Aufwendungsersatz, § 25 III BRAGO verweist lediglich auf diese Vorschrift.

Hier hat der Rechtsanwalt zwei Möglichkeiten.

1. Pauschsatz

Berechnungs-
methode

Zunächst einmal kann der Rechtsanwalt pauschal 15 % von den entstandenen Gebühren berechnen, höchstens jedoch 40 DM, in Strafsachen, Bußgeldverfahren und Rehabilitierungsverfahren lediglich 30 DM (§ 26 S. 2 BRAGO). Die so ermittelte Gebühr ist auf volle 10 Pfennig aufzurunden (§ 26 i. V. m. § 11 BRAGO). - Beispiel:

Fall 2 (Der verjährte Anspruch)

Martens bekommt eine Kaufpreisklage zugestellt auf Zahlung von 3.500,00 DM. Er wendet sich Hilfe suchend an Rechtsanwalt Rasche, der sich zum Prozessbevollmächtigten bestellt und darlegt, dass der Klageanspruch bereits verjährt ist. Nach Prüfung der Rechtslage nimmt der Gegner daraufhin im Haupttermin sofort nach Aufruf der Sache die Klage zurück.

Hier ist für Rechtsanwalt Rasche lediglich die Prozessgebühr entstanden zuzüglich Postentgelte und Umsatzsteuer. Bei den Postentgelten gehen wir grundsätzlich von 15 % bzw. dem Höchstbetrag von 40 DM aus, wenn aus dem Fall nichts anderes erkennbar ist. Rechtsanwalt Rasche kann also folgende Kostenberechnung erstellen (ergänzen Sie):

Lösung zu Fall 2 (Der verjährte Anspruch)

Gegenstandswert: 3.500,00 DM

	265,00 DM

16 % Umsatzsteuer, § 25 II BRAGO	
Summe:	353,57 DM

2. Nachweis erforderlich - Ersatz der tatsächlich entstandenen Kosten

Der Rechtsanwalt kann aber auch nach seiner Wahl statt der Pauschale die tatsächlich entstandenen Postentgelte fordern. Hierzu zählen übrigens nicht die weiteren Aufwendungen wie die Grundgebühren usw.

Werden die tatsächlich entstandenen Postentgelte berechnet, so gelten folgende Besonderheiten:

- Die Höchstgrenze von 40 DM bzw. 30 DM kann überschritten werden.

- Eine Aufrundung auf volle 10 Pfennig gemäß § 11 II 2 BRAGO ist nicht zulässig.

- Eine Erstattungspflicht besteht nur bei Notwendigkeit (die bei einer Pauschalierung unterstellt wird). Der Rechtsanwalt muss mit Einreichung des Kostenfestsetzungsantrages anwaltlich versichern, dass die Postentgelte notwendig waren und tatsächlich entstanden sind.

- Wird dies von der Gegenseite bestritten, so hat der Rechtsanwalt die Postentgelte glaubhaft zu machen.

Fall 3 (Der aufwändige Prozess)

Rechtsanwalt Rasche soll diesmal wegen eines Gegenstandswertes von 2.000,00 DM tätig werden. Die Vorarbeiten verursachen zusätzliche Ausgaben. So betragen seine Aufwendungen für die Ermittlung von Zeugenanschriften 50,00 DM und die tatsächlich entstandenen Postentgelte 56,66 DM. Nach Klageeinreichung wird jedoch der Betrag alsbald überwiesen, und die Parteien erklären im Termin den Rechtsstreit übereinstimmend für erledigt.

Gebührenrechtlich ist lediglich eine Prozessgebühr entstanden. Siehe hierzu und zur Erledigungserklärung unten das Kapitel 2 (Mit gekreuzten Klingen: Die Prozessgebühr) auf Seite 27. Die Aufwendungen für die Ermittlung von Zeugenanschriften werden von §§ 11, 26 BRAGO nicht erfasst, sie können also zusätzlich gefordert werden. Doch kann hierauf auch Umsatzsteuer verlangt werden? Lesen Sie weiter!

1.3.3 Noch streitig: Die Umsatzsteuer, § 25 II BRAGO

Grundsatz

Nach § 25 II BRAGO hat der Rechtsanwalt Anspruch auf Ersatz der auf seine Vergütung entfallenden Umsatzsteuer („Mehrwertsteuer"), sofern die Umsatzsteuer wegen geringen Umsatzes nach § 19 I UStG nicht erhoben wird. Ist dies nicht der Fall, muss der Rechtsanwalt Umsatzsteuer auf jede Vergütung zahlen, die er als Entgelt für seine Leistungen erhalten hat.

umsatzsteuer-
pflichtige
Leistungen

Der Rechtsanwalt kann also 16 % Umsatzsteuer nach § 25 II BRAGO verlangen auf:

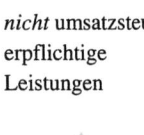

* die gesetzlichen Gebühren

* vertraglich vereinbartes Honorar

* die oben besprochenen Auslagen nach §§ 25 III, 26 bis 30 BRAGO (s.o. Seite 17)

* den Aufwendungsersatz nach § 670 BGB, sowie auf

* Vorschüsse

Der Rechtsanwalt zahlt keine Umsatzsteuer (und kann somit deren Erstattung auch nicht nach § 25 II BRAGO verlangen), wenn es sich lediglich um durchlaufende Gelder handelt und um Auslagen, die dem Rechtsanwalt namens und für Rechnung seines Mandanten entstanden sind.

nicht umsatzsteu-
erpflichtige
Leistungen

Beispiele für solche nicht umsatzsteuerpflichtigen Entgelte:

* verauslagte Gebühren und Auslagen, die für Genehmigungen und bei Behörden entstanden sind,

* eingehende Fremdgelder,

* Gerichts- und Gerichtsvollzieherkosten,

* beigetriebene Forderungen und Hinterlegungsgelder (siehe hierzu auch *Hansens, BRAGO, § 25 RdNr. 6; OLG Düsseldorf JurBüro 74, 738; BGH NJW 68, 423*).

Die in unseren Fällen nach § 670 BGB verauslagten Aufwendungen werden in der Regel zu diesen nicht umsatzsteuerpflichtigen Beträgen zählen. - Die Kostenrechnung für den vorigen Fall müsste jetzt klar sein:

Lösung zu Fall 3 (Der aufwändige Prozess):

Gegenstandswert:

....

....

....

16 % Umsatzsteuer, § 25 II BRAGO   36,27 DM

Zwischensumme:

....

....

Summe: 312,93 DM

Die nicht umsatzsteuerpflichtigen Aufwendungen nach § 670 BGB werden also hier *nach* Berechnung der Umsatzsteuer addiert.

Eine unterschiedliche Rechtsprechung besteht jedoch bei der Frage, ob im Kostenfestsetzungsverfahren die Vorsteuerabzugsberechtigung der erstattungsberechtigten Partei zu berücksichtigen ist oder nicht. Früher hatte der BFH die Meinung vertreten, dass die erstattungsberechtigte Partei dann, wenn sie vorsteuerabzugsberechtigt ist, die auf die Gebühren und Auslagen entfallende Umsatzsteuer nicht erstattet verlangen darf. — Vorsteuerabzugsberechtigung

Diese Meinung hat der BFH schließlich aufgegeben *(BFH in NJW 1991, 1702 = DStR 1990, 416 = JurBüro 1990, 1452 mit Anmerkung Mümmler = RPfleger 1990, 477)*. Seitdem herrschen in Literatur und Rechtsprechung unterschiedliche Meinungen, zustimmende und ablehnende. Erkundigen Sie sich am besten stets bei den jeweiligen Gerichten, ob Sie für den Fall, wenn Sie die Festsetzung der Kosten beantragen, bei vorsteuerabzugsberechtigten Mandanten gleichwohl die Erstattung der Umsatzsteuer des Rechtsanwalts nach § 25 II BRAGO verlangen können oder nicht. Entsprechendes gilt für Mahn- und Vollstreckungsbescheide und Vollstreckungsmaßnahmen, in denen die Kosten festgesetzt werden (insbesondere Vollstreckungsaufträge, Anträge auf Abgabe der eidesstattlichen Versicherung, Pfändungs- und Überweisungsbeschlüsse, Anträge auf Eintragung einer Sicherungshypothek).

In unseren Kursheften geben wir grundsätzlich die Umsatzsteuer in den Kostenrechnungen an, wie das natürlich auch dann stets zu geschehen hat, wenn der Mandant *nicht* vorsteuerabzugsberechtigt ist.

1.4   Zusammenfassung

Halten wir fest:

§ 31 BRAGO enthält die Gebühren, die *in der Regel* dem Prozessbevollmächtigten für seine Inanspruchnahme im Zivilprozess erwachsen. Dabei handelt es
sich um folgende Gebühren:

> **Die Regelgebühren nach § 31 BRAGO:**
>
> 1. Die *Prozessgebühr* gemäß § 31 I 1 BRAGO,
> 2. die *Verhandlungsgebühr* nach § 31 I 2 BRAGO und
> 3. die *Beweisgebühr*, § 31 I 3 BRAGO. Der Vollständigkeit halber sei
>   bereits hier auf
> 4. die *Erörterungsgebühr* in § 31 I 4 BRAGO hingewiesen, die jedoch
>   durch die Verhandlungsgebühr, wenn diese entsteht, verdrängt wird
>   (siehe unten Seite 57).

Zusätzlich zu den Gebühren kann der Rechtsanwalt in seiner Kostenrechnung
noch die *gesetzlichen Auslagen der BRAGO* nach §§ 25 III, 26 bis
30 BRAGO, ggf. *weiteren Aufwendungsersatz* nach *§ 670 BGB* und 16 %
Umsatzsteuer nach § 25 II BRAGO verlangen. Bei den Entgelten für Post- und
Telekommunikationsdienstleistungen *(Postentgelten)* (§§ 11, 26 BRAGO)
kann er zwischen den tatsächlich entstandenen Entgelten und einer Pauschalierung wählen.

1.5 Lösungen zu den Fällen

Lösung zu Fall 1

Gegenstandswert: 3.600,00 DM

10/10 Prozessgebühr, §§ 11, 31 I 1 BRAGO	265,00 DM
10/10 Verhandlungsgebühr, §§ 11, 31 I 2 BRAGO	265,00 DM
10/10 Beweisgebühr, §§ 11, 31 I 3 BRAGO	265,00 DM
Postentgelte, §§ 11, 26 BRAGO	40,00 DM
16 % Umsatzsteuer, § 25 II BRAGO	133,60 DM
Summe:	968,60 DM

Lösung zu Fall 2

Gegenstandswert: 3.500,00 DM

10/10 Prozessgebühr, §§ 11, 31 I 1 BRAGO	265,00 DM
Postentgelte, §§ 11, 26 BRAGO	39,80 DM
16 % Umsatzsteuer, § 25 II BRAGO	48,77 DM
Summe:	353,57 DM

Eigentlich betrügen die Postentgelte ja nur 39,75 DM, sie sind jedoch nach § 11 II 2 BRAGO auf 39,80 DM aufzurunden.

Lösung zu Fall 3

Gegenstandswert: 2.000,00 DM

10/10 Prozessgebühr, §§ 11, 31 I 1 BRAGO	170,00 DM
tatsächlich entstandene Postentgelte, §§ 11, 26 BRAGO	56,66 DM
16 % Umsatzsteuer, § 25 II BRAGO	36,27 DM
Zwischensumme:	262,93 DM
Aufwendungen für Anfragen, § 670 BGB	50,00 DM
Summe:	312,93 DM

1.6   Testen Sie sich selbst: Test- und Prüfungsfragen

1.   In welchem Gesetz sind die Gebühren des Rechtsanwalts im Wesentlichen geregelt?

in der Bundesrechtsanwaltsgebührenordnung

2.   Wie lautet die gebräuchliche Abkürzung für dieses Gesetz?

BRAGO

3.   Nennen Sie die Regelgebühren!

die Prozessgebühr, Verhandlungsgebühr, Beweisgebühr und die Erörterungsgebühr

4.   In welcher Vorschrift sind die Regelgebühren geregelt?

Die Regelgebühren stehen in § 31 I Nr. 1 bis 4 BRAGO.

5.   Welche Besonderheit gilt hinsichtlich der Erörterungsgebühr?

Die Erörterungsgebühr geht in die Verhandlungsgebühr auf.

6.   Was kann der Rechtsanwalt neben den Gebühren insbesondere noch berechnen und nach welcher Vorschrift?

Zu den Gebühren kommen noch insbesondere die Entgelte für Telekommunikationsdienstleistungen (kürzer: Postentgelte) gemäß §§ 11, 26 BRAGO und die Umsatzsteuer gemäß § 25 BRAGO.

7.   Was müssen Sie in der Kostenrechnung noch angeben, um aus der Gebührentabelle die Höhe der Gebühr ablesen zu können?

den Gegenstandswert (Streitwert)

8.   Welche Auslagen hat der Gesetzgeber in der BRAGO geregelt?

den Anspruch auf Ersatz der Umsatzsteuer, § 25 II BRAGO sowie in Verbindung mit § 25 III BRAGO die Ansprüche auf Ersatz der Postentgelte (§§ 11, 26 BRAGO), der Schreibauslagen (§ 27 BRAGO) und der Reisekosten (§ 28 BRAGO)

9.   Welche weiteren Aufwendungen kann der Rechtsanwalt zusätzlich nach § 670 BGB verlangen?

Detektivkosten, verauslagte Gerichts- und Gerichtsvollzieherkosten, Aufwendungen für die Ermittlung von Zeugenanschriften, überdurchschnittliche Verpackungs- und Speditionskosten, Übersetzungskosten und konkrete Nachfragekosten (z. B. bei Datenbanken)

10. In welcher Vorschrift ist die Erstattung der Postentgelte geregelt?

in §§ 11, 26 BRAGO

11. Wie hoch ist die Pauschale?

Die Pauschale beträgt 15 % der zusammengerechneten Gebühren, höchstens aber 40 DM, in Strafsachen, Bußgeldverfahren und Rehabilitierungsverfahren lediglich 30 DM.

12. Was ist bei der Pauschale noch zu berücksichtigen?

Die Postentgelte sind auf volle 10 Pfennig aufzurunden.

13. Auf welche andere Weise kann der Rechtsanwalt die Postentgelte berechnen?

Der Rechtsanwalt kann auch die tatsächlich entstandenen Postentgelte ansetzen.

14. Welche Besonderheiten gelten in diesem Fall?

Die Höchstgrenze von 40 DM bzw. 30 DM kann überschritten werden; eine Aufrundung auf volle 10 Pfennig gemäß § 11 II 2 BRAGO ist nicht zulässig;
der Rechtsanwalt muss anwaltlich versichern, dass die Postentgelte notwendig waren und tatsächlich entstanden sind;
werden sie vom Gegner bestritten, muss er die Postentgelte glaubhaft machen.

15. Nach welcher Vorschrift kann der Rechtsanwalt Umsatzsteuer verlangen und wie hoch ist sie?

16 % nach § 25 II BRAGO

16.   Worauf ist die Umsatzsteuer zu berechnen?

Die Umsatzsteuer kann berechnet werden auf die gesetzlichen Gebühren, vertraglich vereinbartes Honorar, Auslagen, weitere Aufwendungen und Vorschüsse.

17.   Nennen Sie Beispiele für nicht umsatzsteuerpflichtige Entgelte!

Gebühren und Auslagen, die für Genehmigungen sowie bei Behörden entstanden sind, eingehende Fremdgelder, Gerichts- und Gerichtsvollzieherkosten sowie beigetriebene Forderungen und Hinterlegungsgelder

2 Mit gekreuzten Klingen: Die Prozessgebühr

Im Zivilprozess stehen sich die Kontrahenten mit gegensätzlichen Standpunkten gegenüber. Außergerichtliche Einigungsversuche (mündliche/telefonische Erinnerungen, Mahnung(en) mit Fristsetzung), waren erfolglos. Doch jetzt wird nicht mehr mit Säbel oder Lanze auf dem Turnierplatz gekämpft, sondern mit Anträgen im Gerichtssaal. Die Waffen sind Paragraphen oder Beweismittel. Wer hierauf nicht bauen kann, hat von vornherein verloren. Wie wir schon gesehen haben, können in einem Zivilprozess in der Regel die Prozessgebühr, Verhandlungsgebühr, Beweisgebühr und, sofern die Verhandlungsgebühr nicht entstanden ist, die Erörterungsgebühr berechnet werden. Schauen wir uns nun einmal die Regelgebühren des Rechtsanwalts genauer an.

2.1 Grundlagen

Es ist klar: Der Rechtsanwalt erhält die volle Prozessgebühr für die Durchführung des Prozesses. Er muss also Prozessauftrag im Sinne des § 81 ZPO erhalten und mindestens die Klage bei Gericht eingereicht haben. Es ist aber nicht erforderlich, dass er den Prozess auch vor Gericht zum Ende führt.

Entstehung der Prozessgebühr

Fall 4 (Der enttäuschte Mandant)

Rechtsanwalt Ahrend erhebt für M Klage gegen B auf Zahlung von 5.000,00 DM. Nachdem auch dem M die Klageschrift zur Kenntnis zugestellt wurde, ist dieser über den „weichen Ton" seines Prozessbevollmächtigten so entrüstet, dass er das Mandat kündigt, weil er sich in diesem Rechtsstreit künftig von einem anderen Rechtsanwalt vertreten lassen will.

Lösen Sie den Fall einmal selbst anhand des soeben und oben ab Seite 15, Kapitel 1 Gesagten! Sie erhalten Hilfestellungen. Die Lösung finden Sie auf Seite 35.

Kostenrechnung für Rechtsanwalt Ahrend:

Gegenstandswert:

10/10	, §§	BRAGO	
	, §§ 11, 26 BRAGO		40,00 DM
	, § 25 II BRAGO		_____
Summe:			

Hatten Sie noch Probleme mit den Postentgelten, dann schauen Sie auf Seite 18 nach, hinsichtlich der Umsatzsteuer siehe Seite 20.

2.2   Exkurs: Die Kündigung des Anwaltsvertrages

Zunächst einmal: Darf der Mandant überhaupt nach Beauftragung des Rechtsanwalts einfach wieder den Prozessauftrag kündigen wie in Fall 4 (Der enttäuschte Mandant), Seite 27?

Kündigung des Anwaltsvertrages durch den Mandanten

Die Antwort ist eindeutig: Er darf! Der Anwaltsvertrag ist seiner Rechtsnatur nach in der Regel ein *Dienstvertrag* im Sinne der §§ 611 ff. BGB. Das bedeutet, dass er von beiden Seiten jederzeit fristlos gekündigt werden kann (§ 627 I BGB). In unserem Fall konnte also der *Mandant* ohne weitere Angabe von Gründen mit sofortiger Wirkung den Anwaltsvertrag kündigen.

Etwas anderes gilt jedoch, wenn der Rechtsanwalt kündigen will. Schließlich hat sich der Mandant in einer besonderen rechtlichen „Notlage" zur Rechtsverteidigung oder wegen der Wahrnehmung von Rechten und Ansprüchen, die ihm vorenthalten werden, gewandt.

Kündigung des Anwaltsvertrages durch den Rechtsanwalt *ohne* wichtigen Grund

Kündigt der Rechtsanwalt ohne wichtigen Grund, so sind die §§ 627 II, 675, 671 II BGB zu beachten: Der Rechtsanwalt darf *nicht zur Unzeit* kündigen, der Mandant muss in der Lage sein, rechtzeitig einen neuen Prozessbevollmächtigten zu beauftragen usw.

Diese Einschränkungen gibt es allerdings nicht, wenn der Rechtsanwalt einen wichtigen Grund hat.

Wichtiger Kündigungsgrund

Ein *wichtiger Grund* für die Kündigung des Mandatsverhältnisses ist dann gegeben, wenn, auch ohne Verschulden des Auftraggebers, die Fortsetzung des Mandatsverhältnis objektiv *unzumutbar* ist.

Beispiele für einen wichtigen Kündigungsgrund:

- Der Rechtsanwalt wird vom Mandanten wahrheitswidrig informiert.
- Der Mandant zahlt auch nach Aufforderung keinen Vorschuss,
- er bezahlt nach Mahnung immer noch nicht die Kosten der ersten Instanz oder
- er erteilt dem Rechtsanwalt Weisungen, die dieser nicht befolgen kann.

Versuchen Sie nun die ...

Lösung zu Fall 4

Gegenstandswert: 5.000,00 DM

Summe: 417,60 DM

Und die Kostenrechnung des neu beauftragten Rechtsanwalts? Auch er kann, wenn er den Prozess fortführt, eine Prozessgebühr verlangen!

2.3 Welche Tätigkeiten gilt die Prozessgebühr ab?

Fassen wir zusammen: Wann entsteht eine Prozessgebühr?

Der *Rechtsanwalt des Klägers* erhält also nach Beauftragung eine Prozessgebühr nach § 31 I 1 BRAGO, wenn er
- Klage eingereicht hat oder
- einen Prozess fortführt.

Dem *Rechtsanwalt des Beklagten* steht die Prozessgebühr zu, wenn er
- seine Bestellung als Prozessbevollmächtigter des Beklagten und die Klageerwiderung bei Gericht eingereicht hat oder
- den Prozess im Auftrag des Beklagten fortsetzt.

Abgeltung durch
die Prozessgebühr

Doch die Prozessgebühr gilt pauschal noch viel mehr Tätigkeiten ab und wird deshalb auch *Pauschalgebühr* oder *Pauschgebühr* genannt. Hierzu gehören:

- Besprechungen mit dem Mandanten,
- der gesamte Schriftwechsel,
- die Ermittlung von ladungsfähigen Anschriften von Zeugen und
- die Besorgung sonstiger Beweismittel.
- Hinzu kommen alle in § 37 BRAGO aufgezählten, zum Rechtszug gehörenden Tätigkeiten.

2.4   Die Prozessgebühr bei der vorzeitigen Beendigung des Auftrags

Es kann ja sein, dass der Mandant zunächst Klageauftrag erteilt und das Auftragsverhältnis beendet ist, bevor es zur Einreichung der Klageschrift bei Gericht kommt.

Fall 5 (Der hocherfreute Mandant)

Rechtsanwalt Rasche erhält von Meier Klageauftrag gegen Bertram auf Zahlung von 6.000,00 DM. Noch vor Klageeinreichung teilt Meier mit, dass die Sache erledigt sei, da Bertram zwischenzeitlich bezahlt habe. Bertram ist hocherfreut, denn er meint, weil sein Rechtsanwalt noch keine Klage eingereicht habe, stehe ihm auch keine Gebühr zu. - Rechtslage?

Die Freude des Mandanten in Ehren, aber dann würde der Anwalt in vielen Fällen brotlos arbeiten, und er könnte verführt sein, vorschnell Klage einzureichen. Aus diesem Grunde hat der Gesetzgeber die halbe Prozessgebühr nach § 32 II BRAGO geschaffen:

Endigt der Prozessauftrag, bevor der Rechtsanwalt die Klage eingereicht hat, so erhält er für seine bisherige Tätigkeit in dieser Sache gemäß § 32 I BRAGO pauschal eine 5/10 Prozessgebühr.

Damit müssten Sie eigentlich schon die Kostenrechnung formulieren können.

Lösung zu Fall 5 (Der hocherfreute Mandant)

Gegenstandswert:

Postentgelte, §§ 11, 26 BRAGO

16 % Umsatzsteuer, § 25 II BRAGO

Summe: 250,21 DM

Die Lösung finden Sie am Ende des Kapitels 2.7, Seite 35.

§ 32 I BRAGO gilt übrigens nicht nur für die vorzeitige Beendigung des Klageauftrages, sondern ausdrücklich auch nach folgenden Vorschriften:

Wann gilt § 32 II BRAGO ausdrücklich ebenfalls?

- für den Antrag auf Erlass eines Mahnbescheids (§ 43 III BRAGO, wichtigster Fall!),

- in vereinfachten Verfahren zur Abänderung von Unterhaltstiteln (§ 44 I Nr. 2 BRAGO und

- im Aufgebotsverfahren nach §§ 946 bis 956, 959, 977 bis 1024 ZPO (§ 45 BRAGO).

2.5   Trainingsteil

Ein bisschen gibt es doch schon zu üben, wer sagt denn, dass immer nur zeitaufwendig trainiert werden muss? - Erstellen Sie die Kostenrechnungen in den nachfolgenden Fällen auf den zugehörigen Linien. Vergleichen Sie dann Ihre Lösung mit der Lösung auf Seite 35.

Aufgabe 1

Rechtsanwalt Rasche erhebt für Mertens Klage gegen Bach auf Zahlung von 8.900,00 DM. Nach Zustellung der Klage kündigt der unzufriedene Mertens erbost das Auftragsverhältnis.

Gegenstandswert: 8.900,00 DM

	DM
	DM
	DM
Summe:	DM

Aufgabe 2

RA Dr. Klar erhält von Frau Meese Klageauftrag gegen B auf Zahlung von 15.000,00 DM. Als Dr. Klar gerade die Klageschrift diktiert, teilt Frau Meese mit, dass die Sache erledigt sei, da B zwischenzeitlich bezahlt habe.

Gegenstandswert: 15.000,00 DM

	DM
	DM
	DM
Summe:	DM

Die Lösungen finden Sie im Kapitel 2.7, Seite 35.

2.6 Testen Sie sich selbst: Test- und Prüfungsfragen

1. Wann entsteht im Zivilprozess die Prozessgebühr für den Kläger?

wenn der Kläger nach Prozessauftrag Klage eingereicht hat oder einen Prozess fortführt.

2. Wann steht dem Rechtsanwalt des Beklagten die Prozessgebühr zu?

wenn er seine Bestellung als Prozessbevollmächtigter des Beklagten und die Klageerwiderung bei Gericht eingereicht hat oder den Prozess im Auftrag des Beklagten fortsetzt.

3. Wie wird die Prozessgebühr auch genannt? Warum?

Die Prozessgebühr wird auch Pauschalgebühr oder Pauschgebühr genannt, weil durch sie pauschal weitere Tätigkeiten abgegolten werden.

4. Welche weiteren Tätigkeiten werden von der Prozessgebühr mit umfasst?

Die Prozessgebühr umfasst außerdem noch zum Beispiel Besprechungen mit dem Mandanten, den gesamten Schriftwechsel, die Ermittlung von ladungsfähigen Anschriften von Zeugen und die Besorgung sonstiger Beweismittel.

5. In einer Vorschrift stehen noch weitere Tätigkeiten des Rechtsanwalts, die zum Rechtszug gehören und demgemäß mit der Prozessgebühr abgegolten werden?

Das sind die in § 37 BRAGO aufgezählten Tätigkeiten.

6. Wie ist die Rechtslage, wenn der Mandant zunächst Klageauftrag erteilt und das Auftragsverhältnis beendet ist, bevor es zur Einreichung der Klageschrift bei Gericht kommt?

Endigt der Prozessauftrag, bevor der Rechtsanwalt die Klage eingereicht hat, so erhält er für seine bisherige Tätigkeit in dieser Sache gemäß § 32 I BRAGO pauschal eine halbe (5/10) Prozessgebühr.

7. Diese genannte Regelung gilt auch ausdrücklich für weitere Vorschriften. Nennen Sie das wichtigste Beispiel!

§ 32 I BRAGO gilt auch für den Antrag auf Erlass eines Mahnbescheids (§ 43 III BRAGO).

8.   Welche Rechtsnatur hat der sog. Anwaltsvertrag?

Der Anwaltsvertrag ist seiner Rechtsnatur nach in der Regel ein Dienstvertrag im Sinne der §§ 611 ff. BGB.

9.   Darf der *Mandant* nach Beauftragung des Rechtsanwalts ohne Grund den Prozessauftrag wieder kündigen? Begründung?

Er darf. Das folgt aus der Rechtsnatur des Anwaltsvertrags als Dienstvertrag (§ 627 I BGB).

10.   Darf der *Rechtsanwalt* nach Beauftragung ohne Grund den Prozessauftrag wieder kündigen?

Auch der Rechtsanwalt darf grundlos kündigen. Das folgt ebenfalls aus der Rechtsnatur des Anwaltsvertrags (§ 627 I BGB).

11.   Gelten für den Rechtsanwalt aber Besonderheiten? Welche?

Der Rechtsanwalt darf grundlos nicht zur Unzeit kündigen, und der Mandant muss in der Lage sein, rechtzeitig einen neuen Prozessbevollmächtigten zu beauftragen.

12.   Wann gilt diese Einschränkung nicht?

Wenn der Rechtsanwalt einen wichtigen Grund hat.

13.   Wann ist ein solcher wichtiger Grund für die Kündigung des Mandatsverhältnisses gegeben?

Ein wichtiger Grund liegt vor, wenn die Fortsetzung des Mandatsverhältnisses objektiv unzumutbar ist.

14.   Nennen Sie Beispiele für einen wichtigen Kündigungsgrund!

Der Rechtsanwalt wird vom Mandanten wahrheitswidrig informiert, der Mandant zahlt auch nach Aufforderung keinen Vorschuss, er bezahlt nach Mahnung immer noch nicht die Kosten der ersten Instanz, oder er erteilt dem Rechtsanwalt Weisungen, die dieser nicht befolgen kann.

2.7   Lösungen zu den Fällen und zum Trainingsteil

Lösungen zu den Aufgaben:

Lösung zu Aufgabe 1

Gegenstandswert: 8.900,00 DM

10/10 Prozessgebühr, §§ 11, 31 I 1 BRAGO	540,00 DM
Postentgelte, §§ 11, 26 BRAGO	40,00 DM
16 % Umsatzsteuer, § 25 II BRAGO	92,80 DM
Summe:	672,80 DM

Lösung zu Aufgabe 2

Gegenstandswert: 15.000,00 DM

5/10 Prozessgebühr, §§ 11, 32 I BRAGO	402,50 DM
Postentgelte, §§ 11, 26 BRAGO	40,00 DM
16 % Umsatzsteuer, § 25 II BRAGO	70,80 DM
Summe:	513,30 DM

Das war einfach, oder nicht?

Lösungen zu den Fällen:

Lösung zu Fall 4

Gegenstandswert: 5.000,00 DM

10/10 Prozessgebühr, §§ 11, 31 I 1 BRAGO	320,00 DM
Postentgelte, §§ 11, 26 BRAGO	40,00 DM
16 % Umsatzsteuer, § 25 II BRAGO	54,00 DM
Summe:	414,00 DM

Lösung zu Fall 5

Gegenstandswert: 6.000,00 DM

5/10 Prozessgebühr, §§ 11, 32 I BRAGO	187,50 DM
Postentgelte, §§ 11, 26 BRAGO	28,20 DM
16 % Umsatzsteuer, § 25 II BRAGO	32,36 DM
Summe:	248,06 DM

3 Wenn es streitig wird: Die Verhandlungsgebühr

Die Klage ist eingereicht. Der Richter wird nach Zustellung der Klageschrift entweder im sog. frühen ersten Termin (§ 275 ZPO) zur mündlichen Verhandlung laden oder im schriftlichen Vorverfahren nach § 276 ZPO den Beklagten auffordern, binnen einer Notfrist von zwei Wochen ab Zustellung der Klageschrift zu erklären, ob er sich gegen die in der Klage geltend gemachten Ansprüche verteidigen wolle. Es könnte ja sein, dass lediglich aufgrund eines Versehens die Forderung nicht beglichen wurde, z. B. wegen einer Erkrankung der Sachbearbeiterin. Erklärt der Beklagte jedoch, dass er sich verteidigen wolle, so wird es ernst: Der Richter lädt zum Verhandlungstermin.

3.1 Wann entsteht die volle Verhandlungsgebühr?

Wir haben schon oben in unserem Schnellkurs (Seite 15) gesehen: Wenn der Rechtsanwalt in einem Termin streitig verhandelt hat, entsteht für ihn auch eine volle Verhandlungsgebühr gemäß §§ 11, 31 I 2 BRAGO. Wie lösen Sie aber den nachfolgenden Fall?

Fall 6 (Der umgekippte Zeuge)

Rechtsanwalt Rasche erhebt für Mertens auftragsgemäß Klage gegen Bach auf Zahlung von 2.500,00 DM. Nach Zustellung der Klage erfährt Mertens, dass sein einziger Zeuge „umgekippt" ist und sich an nichts mehr erinnern will. Er bespricht die Rechtslage mit dem Prozessbevollmächtigten. Im Haupttermin nimmt Rechtsanwalt Rasche sofort nach Aufruf der Sache die Klage zurück.

Rechtsanwalt Rasche war im Termin zur mündlichen Verhandlung – kann er auch die Verhandlungsgebühr berechnen?

3.1.1 Der Begriff „Verhandlung"

Was bedeutet es in unserem Fall, wenn der Prozessbevollmächtigte sofort „nach Aufruf der Sache" die Klage zurücknimmt? Er war im Termin - hat er auch „verhandelt"? Nach § 137 I ZPO wird die mündliche Verhandlung dadurch eingeleitet, dass die Parteien ihre Anträge stellen (siehe auch § 297 ZPO). Verkürzt kann man sagen:

Der Begriff „verhandeln"

Verhandeln bedeutet „Stellen von Anträgen" im Verhandlungstermin vor dem Prozessgericht.

Diese Anträge müssen, um eine Verhandlungsgebühr nach § 31 I 2 BRAGO auszulösen, in einem Termin gestellt werden, der vom Gericht zum Zwecke der *mündlichen Verhandlung* bestimmt wurde. Das ist auch bei einem vom Prozessgericht einberufenen Beweistermin möglich, da dieser Termin zugleich zur Fortsetzung der mündlichen Verhandlung dient (§ 370 I ZPO).

Verhandeln - vor welchem Richter?

Verhandeln können die Parteien vor dem Einzelrichter (§ 348 ZPO), dem vorsitzenden Richter (§ 349 ZPO) oder vor dem Prozessgericht. *Keine* Verhandlung ist möglich vor dem ersuchten oder beauftragten Richter (§§ 361 f. ZPO).

Die Anträge müssen *Anträge zur Hauptsache* sein. Hierzu zählen:

Um welche Anträge geht es?

* *der Klageantrag und Klagabweisungsantrag* (wichtigste Fälle!)

* die *Klageänderung* und *Klageerweiterung*

* streitige *Hilfsanträge* zur Hauptsache und schließlich

* die *Rüge der Unzuständigkeit* des Gerichts

Hier entsteht keine volle Verhandlungsgebühr!

Die *Klage- oder Rechtsmittelrücknahme, Anträge zur Prozess- oder Sachleitung, die übereinstimmende Erledigungserklärung* sind keine Anträge zur Hauptsache und lösen demgemäß keine volle Verhandlungsgebühr nach § 31 I 2 BRAGO aus. Auch ein beim Prozessgericht nicht zugelassener Rechtsanwalt erhält keine Verhandlungsgebühr.

Begriff „streitiges Verhandeln"

Die Parteien verhandeln dann „*streitig*", wenn sie *widersprechende Anträge* stellen, wenn sie also z. B. Klageantrag und Klagabweisungsantrag stellen, wie das in der Praxis die Regel ist und wovon bereits unser Eingangsfall auf Seite 15 ausgeht.

Jetzt wird es Zeit für die Kostenrechnung. Die Lösung finden Sie im Kapitel 3.2, Seite 41.

Lösung zu Fall 6

Gegenstandswert: 2.500,00 DM

Summe: 277,73 DM

3.1.2 Mehrere Verhandlungen - § 13 II BRAGO

Die Prozesse dauern leider immer viel zu lange. So kommt es vor, dass in derselben Sache mehrere Verhandlungstermine anberaumt werden, in denen die Parteien streitige Anträge zur Hauptsache stellen.

Fall 7 (Die drei Verhandlungen)

Rechtsanwalt Rauter erhebt für Frau Mertens Klage gegen B in Höhe von 8.600,00 DM. Nach drei streitigen mündlichen Verhandlungen ergeht ein Urteil.

Eine 10/10 Verhandlungsgebühr nach §§ 11, 31 I 2 BRAGO ist entstanden - oder sind es gar zwei, weil die Parteien zweimal verhandelt haben?

Diese Frage regelt § 13 II BRAGO. Danach kann der Rechtsanwalt die Gebühren in *derselben Angelegenheit* nur einmal fordern *(Einmaligkeit der Regelgebühren)*. Im Zivilprozess ist jeder Rechtszug eine solche (selbe) Angelegenheit. Wieviel Schriftsätze der Rechtsanwalt auch immer schreibt - er erhält nur eine Prozessgebühr. Wie oft das Gericht auch immer mündlich verhandeln lässt - der Rechtsanwalt erhält nur eine Verhandlungsgebühr. Diese Gebühren decken pauschal den umfassenden Tätigkeitsbereich des Rechtsanwalts ab. Es darf grundsätzlich nur eine einzige Kostenrechnung geschrieben werden. Also lautet die ...

§ 13 II BRAGO: Einmaligkeit der Regelgebühren

Lösung zu Fall 7

Gegenstandswert: 8.600,00 DM

Summe:

Zu den verschiedenen Verhandlungsgebühren (streitige Verhandlungsgebühr, nichtstreitige Verhandlungsgebühr, Vertagungsgebühr) siehe den Kurs *„Die Verhandlungsgebühren"*[1]. Darüber hinaus seien schon hier drei Ausnahmen genannt, bei denen die Regelgebühren in derselben Instanz entgegen § 13 II BRAGO mehrmals entstehen, und zwar

- bei der *Zurückverweisung* einer Sache an ein untergeordnetes Gericht *(§ 15 I BRAGO)*

- im Verfahren über den *Einspruch gegen ein Versäumnisurteil*, wenn über den Einspruch verhandelt wird *(§ 38 I BRAGO)* und

- im Nachverfahren eines *Urkunden- oder Wechselprozesses (§ 39 BRA-GO)*

Diese Ausnahmen werden in den weiteren Kursen besprochen. Die Behandlung in diesem Kursbuch würde den Rahmen des Kurses sprengen.

---

[1] In Vorbereitung

3.2 Lösungen zu den Fällen

Lösung zu Fall 6

Gegenstandswert: 2.500,00 DM

10/10 Prozessgebühr, §§ 11, 31 I 1 BRAGO	210,00 DM
Postentgelte, §§ 11, 26 BRAGO	31,50 DM
16 % Umsatzsteuer, § 25 II BRAGO	36,23 DM
Summe:	277,73 DM

Eine Verhandlungsgebühr entsteht in unserem Fall nicht, weil sie einen Hauptantrag voraussetzt und, wie wir gesehen haben, die Klagerücknahme kein solcher Antrag ist.

Lösung zu Fall 7

Gegenstandswert: 8.600,00 DM

10/10 Prozessgebühr, §§ 11, 31 I 1 BRAGO	540,00 DM
10/10 Verhandlungsgebühr, §§ 11, 31 I 2 BRAGO	540,00 DM
Postentgelte, §§ 11, 26 BRAGO	40,00 DM
16 % Umsatzsteuer, § 25 II BRAGO	168,00 DM
Summe:	1.288,00 DM

3.3   Trainingsteil

Aufgabe 3

Rechtsanwalt Rennen erhebt für Marquard Klage gegen den Beklagten in Höhe von 12.400,00 DM. Der Prozess zieht sich wegen schwieriger Rechtsfragen sehr in die Länge. Nach vier streitigen mündlichen Verhandlungen und einer Beweisaufnahme ergeht ein Urteil.

Gegenstandswert: 12.400,00 DM

	DM
	DM
	DM
	DM
	DM
Summe:	DM

Aufgabe 4

Rechtsanwalt Rasche erhebt für Mertens auftragsgemäß Klage gegen Bach auf Zahlung von 6.100,00 DM. Nach Zustellung der Klage erfährt Bach durch seinen Rechtsanwalt, dass seine Rechtsmeinung auf tönernen Füßen steht. Daraufhin überweist er die Klageforderung. Im Termin erklären die Parteien übereinstimmend den Rechtsstreit für erledigt.

Gegenstandswert: 6.100,00 DM

	DM
	DM
	DM
Summe:	540,50 DM

Die Lösungen finden Sie ab Seite 37.

3.4 Testen Sie sich selbst: Test- und Prüfungsfragen

1. Wann entsteht eine volle Verhandlungsgebühr nach § 31 I 2 BRAGO?

Eine Verhandlungsgebühr entsteht, wenn die Parteien im Zivilprozess streitig verhandeln.

2. Was bedeutet „verhandeln"?

Verhandeln bedeutet „Stellen von Anträgen" im Verhandlungstermin vor dem Prozessgericht.

3. Vor welchem Richter können die Parteien nur verhandeln?

vor dem Einzelrichter, dem vorsitzenden Richter und vor dem Prozessgericht

4. Vor welchen Richtern ist *keine* Verhandlung möglich?

vor dem ersuchten oder beauftragten Richter

5. Welche Art von Anträgen müssen gestellt werden, um eine Verhandlungsgebühr nach § 31 I 2 BRAGO auszulösen?

Die Anträge müssen Anträge zur Hauptsache sein.

6. Welches sind die wichtigsten Beispiele für solche Anträge?

der Klageantrag und der Klagabweisungsantrag

7. Welche weiteren Beispiele für Anträge zur Hauptsache kennen Sie?

die Anträge auf Klageänderung und Klageerweiterung, streitige Hilfsanträge zur Hauptsache und die Rüge der Unzuständigkeit des Gerichts

8. Welche Anträge führen *nicht* zur vollen Verhandlungsgebühr?

die Klage- oder Rechtsmittelrücknahme, Anträge zur Prozess- oder Sachleitung und die übereinstimmende Erledigungserklärung

9. Wann verhandeln die Parteien „streitig"?

wenn sie widersprechende Anträge stellen

10. Nennen Sie zwei der in der Praxis häufigsten Beispiele für solche streitigen Anträge!

Die häufigsten Beispiele sind der Klageantrag und der Klagabweisungsantrag.

3.5 Lösungen zum Trainingsteil

Lösung zu Aufgabe 3

Gegenstandswert: 12.400,00 DM

10/10 Prozessgebühr, §§ 11, 31 I 1 BRAGO	735,00 DM
10/10 Verhandlungsgebühr, §§ 11, 31 I 2 BRAGO	735,00 DM
10/10 Beweisgebühr, §§ 11, 31 I 3 BRAGO	735,00 DM
Postentgelte, §§ 11, 26 BRAGO	40,00 DM
16 % Umsatzsteuer, § 25 II BRAGO	336,75 DM
Summe:	2.581,75 DM

Es ist gleichgültig, wie lange die Parteien prozessieren und wie oft sie streitig verhandeln - es entsteht stets nur eine einzige Prozess- und Verhandlungsgebühr.

Lösung zu Aufgabe 4

Gegenstandswert: 6.100,00 DM

10/10 Prozessgebühr, §§ 11, 31 I 1 BRAGO	430,00 DM
Postentgelte, §§ 11, 26 BRAGO	40,00 DM
16 % Umsatzsteuer, § 25 II BRAGO	70,50 DM
Summe:	540,50 DM

Wie wir gesehen haben, stellen *übereinstimmende Erledigungserklärungen* der Parteien keine Verhandlungsanträge im Sinne des § 31 I 2 BRAGO dar.

4 Jetzt wird ermittelt: Die Beweisgebühr

Der Richter kennt nicht die Wahrheit. Er kann nur versuchen, bei unterschiedlichen Tatsachenbehauptungen das aufzuklären, was für die Entscheidung wichtig ist. Das geschieht in einer Beweisaufnahme, die strengen Regelungen unterworfen ist. Unwesentliches, auf das es in dem Urteil nicht ankommt, bleibt unbewiesen, auch wenn diese Dinge bei den Parteien noch so viel Emotionen aufwirbeln und überflüssige Schriftsätze verursachen. Eine Beweisaufnahme würde hier nur Kosten verursachen und den Prozess verschleppen.

Wie wir bereits im Fall 1 (Ausgangsfall), Seite 15 gesehen hatten, entsteht bei einer Beweisaufnahme eine (volle) Beweisgebühr.

4.1 Die Entstehung der Beweisgebühr

Schauen wir uns aber einmal den nachfolgenden Fall genauer an:

Fall 8 (Der abgesagte Beweistermin)

> Rechtsanwalt Rasche erhebt für Mauser Klage gegen Bertram in Höhe von 12.400,00 DM. Nach einer streitigen mündlichen Verhandlung ergeht ein Beweisbeschluss über die vom Beklagten vorgetragenen Behauptungen. Rechtsanwalt Rasche bespricht den Beweisbeschluss mit Mauser. Vor dem Termin zahlt jedoch Bertram überraschend die Klageforderung, und die Parteien erklären im Termin den Rechtsstreit für erledigt.

Eine 10/10 Prozessgebühr nach §§ 11, 31 I 1 BRAGO und eine 10/10 Verhandlungsgebühr nach §§ 11, 31 I 2 BRAGO sind entstanden, das ist klar. Aber auch eine 10/10 Beweisgebühr? Nach § 31 I 3 BRAGO erhält der Rechtsanwalt eine volle Beweisgebühr „für die Vertretung im Beweisaufnahmeverfahren ...". Unter „Vertretung" fasst man jede Tätigkeit des Prozessbevollmächtigten, die im unmittelbaren Zusammenhang mit der Beweisaufnahme steht. Diese Tätigkeit muss aufgrund eines Beweisbeschlusses erfolgen und kann gegenüber dem Gericht, dem Mandanten oder dem Gegner entfaltet werden. Ein rein passives Verhalten des Rechtsanwalts reicht allerdings nicht

Entstehung der Beweisgebühr

aus. Andererseits entsteht die Beweisgebühr schon mit dieser Tätigkeit. Fällt die Beweisaufnahme weg, so bleibt die Beweisgebühr gleichwohl bestehen.

Als Faustformel kann man festhalten:

Für den Prozessbevollmächtigten entsteht eine volle Beweisgebühr dann, *wenn er im Hinblick auf diesen Beweisbeschluss eine nach außen gerichtete Tätigkeit entfaltet hat.*

Formulieren Sie nun einmal selbst die Lösung in dem nachfolgenden Lösungsschema! Ist der Rechtsanwalt nach außen hin tätig gewesen? Wenn ja, erhält er eine Beweisgebühr? Welche weiteren Gebühren sind entstanden?

Beweis über Tatsachenbehauptungen

Eine Beweisaufnahme erstreckt sich nie über Rechtsfragen, sondern immer nur über *Tatsachenbehauptungen* einer Partei.

BEISPIELE:

Hat der Käufer den Kaufantrag angenommen? Ist dem Beklagten das Mahnschreiben zugegangen? Welche Mängel sind an den gelieferten Waren festgestellt worden?

Bestreitet der Gegner das tatsächliche Vorbringen, kann insoweit nur Beweis erhoben werden, wenn die beweispflichtige Partei hierfür Beweis angeboten hat (z. B. die ladungsfähige Anschrift eines Zeugen). Zu den Tatsachenbehauptungen zählt auch die Frage, ob ein bestimmter *Handelsbrauch* besteht, ja sogar über das Vorliegen einer *ausländischen Rechtsnorm* kann Beweis erhoben werden, nicht aber über inländisches Recht.

Form der Beweisanordnung

Weiterhin muss die Beweisaufnahme durch *Beweisbeschluss* angeordnet worden sein. Geschieht dies im Haupttermin, ergeht der Beschluss im Anschluss an die streitige Verhandlung (§ 278 II ZPO). Zur Beweisaufnahme siehe weiter die §§ 355 ff. ZPO.

Ihre Lösung zu Fall 8 (Der abgesagte Beweistermin)

Gegenstandswert: 12.400,00 DM

Summe: 2.581,75 DM

4.2   Kein Problem: Mehrere Beweisaufnahmen

Fall 9 (Der betrügerische Beklagte)

Rechtsanwalt Rennen erhebt für Marquard Klage gegen Bertram in Höhe
von 65.000,00 DM. Der Prozess zieht sich wegen schwieriger Beweisfragen
sehr in die Länge. Es scheint, dass der Beklagte zahlreiche Unterschriften
und Dokumente gefälscht hat. Deshalb finden drei Beweisaufnahmen statt,
in denen Zeugen vernommen werden und ein Sachverständigengutachten
eingeholt wird und denen sich nach der ZPO jeweils eine streitige mündliche
Verhandlung anschließt. Schließlich ergeht ein stattgebendes Urteil.

Denken Sie an das in dem obigen Kapitel 3.1.2 Mehrere Verhandlungen - § 13   Einmaligkeit der
II BRAGO, Seite 39, Gesagte: Nach § 13 II BRAGO kann der Rechtsanwalt   Regelgebühren
die Gebühren in *derselben Angelegenheit* nur einmal fordern (*Einmaligkeit
der Regelgebühren*). Im Zivilprozess ist jeder Rechtszug eine solche (selbe)
Angelegenheit. In dieser (ersten) Instanz kann also nur eine Beweisgebühr
entstehen. Ob der Rechtsanwalt kurz oder jahrelang prozessiert - es entsteht
nur eine Prozessgebühr, ob er einmal oder zehnmal streitig verhandelt - es
entsteht nur eine Verhandlungsgebühr, und ob er an einem oder an drei Be-
weisterminen teilnimmt - er erhält nur eine Beweisgebühr! Hier ist die Kostenrechnung zu unserem Fall:

Lösung zu Fall 9

Gegenstandswert: 65.000,00 DM

Summe: 5.928,25 DM

4.3   Man muss sie haben: Beweismittel

Zur Beweisaufnahme lässt der Gesetzgeber nur bestimmte Beweismittel zu.

Gesetzliche Beweismittel sind:

- der *richterliche Augenschein* gemäß § 144 ZPO (von Amts wegen) oder nach § 371 ZPO aufgrund eines Beweisantritts; Beispiele: Fotos und Gegenstände von Personen zum Beweis über eine Verletzung, von Örtlichkeiten (= Ortstermin), über eine Zeichnung, bei einem Vergleich über eine Unterschriftsprobe und dergl.

- die *Zeugenvernehmung* (§§ 373 ff. ZPO)

- das mündliche oder schriftliche *Sachverständigengutachten* (§§ 402 ff. ZPO)

- der *Urkundenbeweis* (§§ 415 ff. ZPO)

- die *Parteivernehmung* (i.d.R. der *gegnerischen* Partei, § 445 I ZPO). Das Gericht kann auch auf Antrag und bei Einverständnis die beweispflichtige Person vernehmen (§ 447 ZPO) oder sogar von Amts wegen eine oder beide Parteien (§ 448 ZPO).

- Die *amtliche Auskunft* und *Beiziehung von Akten* können nach § 34 II BRAGO Beweismittel sein, wenn sie durch Beweisbeschluss oder sonst erkennbar als Beweismittel vom Gericht herangezogen werden.

Keine Beweisaufnahme liegt vor bei einer *persönlichen Anhörung* nach § 141 I ZPO oder § 273 ZPO, die lediglich der Aufklärung oder Erläuterung des Sachverhalts dient. Die *schriftliche eidesstattliche Versicherung* dient nicht dem Beweis, sondern der Glaubhaftmachung (§ 294 ZPO) und löst keine Beweisgebühr aus (§ 34 I BRAGO - *OLG Köln JurBüro 82, 399; Hansens, BRAGO, § 31 RdNr. 39).*

4.4 Aus Praxis und Rechtsprechung: Sonderfälle

Es ist nicht immer eindeutig, wann eine 10/10 Beweisgebühr nach § 31 I 3 BRAGO gegeben ist. Deshalb sind hier einige Sonderfälle aus der Rechtsprechung zusammengefasst:

- Anordnungen, die lediglich vorbereitenden Charakter haben, lösen gemäß § 273 ZPO noch keine Beweisgebühr aus. So kann das Gericht nach § 273 II Nr. 1 ZPO insbesondere die Parteien auffordern, *vorbereitende Schriftsätze zu ergänzen* und zu erläutern, aber auch *Urkunden* und andere zur Niederlegung bei Gericht geeignete *Gegenstände* vorzulegen. Eine Beweisgebühr entsteht jedoch dann, wenn diese Auskünfte, Urkunden und sonstigen Gegenstände *zu Beweiszwecken verwertet* werden *(KG JurBüro 88, 471; Hansens, BRAGO, § 31 RdNr. 30)*. Sehen Sie hierzu auch § 34 II BRAGO im Anhang! § 273 ZPO (keine Beweisgebühr) oder § 34 II BRAGO (Beweisgebühr)?

- Das Gericht kann auch Behörden um *Mitteilung von Urkunden* oder um Erteilung *amtlicher Auskünfte* ersuchen (§ 273 II Nr. 2 ZPO). Hier entsteht eine Beweisgebühr wohl aber dann, wenn die Urkunden oder Auskünfte zu Beweiszwecken verwendet werden (§ 34 II BRAGO).

- Ordnet das Gericht das *persönliche Erscheinen der Parteien* an (§ 273 II Nr. 3 ZPO), so kann dies der gütlichen Beilegung des Rechtsstreits dienen und löst, ebenfalls wie die Anordnung des persönlichen Erscheinens nach § 141 ZPO, keine Beweisgebühr aus. Bereitet die Anordnung jedoch eine Beweisaufnahme durch eidliche Parteivernehmung vor (siehe §§ 445 ff., § 613 ZPO), so entsteht selbstverständlich eine Beweisgebühr.

- Werden *Zeugen und Sachverständige* lediglich vorbereitend zur mündlichen Verhandlung geladen (§ 273 II Nr. 4 ZPO), so entfällt die Gebühr nach § 31 I 3 BRAGO. Beschließt das Gericht die Vernehmung des Zeugen, so entsteht sie *(OLG Karlsruhe JurBüro 95, 30; Hansens, BRAGO, § 31 RdNr. 31)*.

- Eine Beweisgebühr entsteht auch dann, wenn die Beweisaufnahme nicht gesetzmäßig durchgeführt wurde (der Vorsitzende erlässt anstelle der Kammer einen Beweisbeschluss: *LAG Düsseldorf AnwBl. 81, 458*) oder

- wenn der Beweisbeschluss den Erfordernissen des § 359 ZPO nicht entspricht *(OLG Frankfurt AnwBl. 82, 200)*.

- Selbst dann, wenn ein Beweisbeschluss fehlt, aber dennoch Beweis erhoben wurde, entsteht eine Beweisgebühr *(OLG München AnwBl. 76, 21)*.

4.5 Lösungen der Fälle

Lösung zu Fall 8

Gegenstandswert: 12.400,00 DM

10/10 Prozessgebühr, §§ 11, 31 I 1 BRAGO	735,00 DM
10/10 Verhandlungsgebühr, §§ 11, 31 I 2 BRAGO	735,00 DM
10/10 Beweisgebühr, §§ 11, 31 I 3 BRAGO	735,00 DM
Postentgelte, §§ 11, 26 BRAGO	40,00 DM
16 % Umsatzsteuer, § 25 II BRAGO	336,75 DM
Summe:	2.581,75 DM

Im vorliegenden Falle hat Rechtsanwalt Rasche mit seinem Mandanten den Beweisbeschluss besprochen und damit über das Studium des Beweisbeschlusses hinaus eine nach außen gerichtete Tätigkeit entfaltet. Auch die Prozessgebühr und die Verhandlungsgebühr sind entstanden.

Lösung zu Fall 9

Gegenstandswert: 65.000,00 DM

10/10 Prozessgebühr, §§ 11, 31 I 1 BRAGO	1.705,00 DM
10/10 Verhandlungsgebühr, §§ 11, 31 I 2 BRAGO	1.705,00 DM
10/10 Beweisgebühr, §§ 11, 31 I 3 BRAGO	1.705,00 DM
Postentgelte, §§ 11, 26 BRAGO	40,00 DM
16 % Umsatzsteuer, § 25 II BRAGO	773,25 DM
Summe:	5.928,25 DM

4.6 Trainingsteil

Erstellen Sie die Kostenrechnungen für Rechtsanwalt Rasche! - Die Lösungen finden Sie auf Seite 54.

Aufgabe 5

Rechtsanwalt Rasche soll wegen eines Gegenstandswertes von 35.800,00 DM tätig werden. Seine Aufwendungen für die Ermittlung von Zeugenanschriften betragen 75,00 DM und die tatsächlich entstandenen Postentgelte 68,80 DM. Nach Klageeinreichung kommt es zur streitigen mündlichen Verhandlung und zu zwei Beweisaufnahmen mit Weiterverhandlung. Schließlich ergeht ein Urteil.

Gegenstandswert: 35.800,00 DM

Summe:

Aufgabe 6

Rechtsanwalt Rasche erhebt für Mauser Klage gegen Bertram in Höhe von 3.890,00 DM. Nach einer streitigen mündlichen Verhandlung ergeht ein Beweisbeschluss über die vom Beklagten vorgetragenen Behauptungen. Rechtsanwalt Rasche bespricht den Beweisbeschluss mit Mauser. Dieser teilt ihm daraufhin mit, dass ein wichtiger Zeuge sich nicht mehr erinnern könne und ein Dokument abhanden gekommen sei. Daraufhin nimmt Rechtsanwalt Rasche weisungsgemäß die Klage zurück.

Gegenstandswert: 3.890,00 DM

	DM
	DM
	DM
	DM
	DM
Summe:	DM

Aufgabe 7

Rechtsanwalt Rasche erhebt für Mauser Klage gegen Bertram in Höhe von 7.350,00 DM. Zur mündlichen Verhandlung ordnet der Richter das persönliche Erscheinen der Parteien an. Diese werden vom Richter auf Widersprüche im tatsächlichen Vorbringen hin befragt. Einen vom Richter vorgeschlagenen Vergleich nehmen die Parteien nicht an. Daraufhin ergeht ein Urteil.

Gegenstandswert: 7.350,00 DM

	DM
	DM
	DM
	DM
Summe:	DM

4.7   Testen Sie sich selbst: Test- und Prüfungsfragen

1.   **Nach welcher Vorschrift entsteht eine Beweisgebühr?**

Die Beweisgebühr entsteht nach § 31 I 3 BRAGO

2.   **Nennen Sie die Beweismittel!**

Beweismittel sind:
der richterliche Augenschein,
die Zeugenvernehmung,
das Sachverständigengutachten,
der Urkundenbeweis
und die Parteivernehmung.
Die amtliche Auskunft und Beiziehung von Akten können Beweismittel
sein, wenn sie erkennbar als Beweismittel vom Gericht herangezogen
wurden.

3.   **Ist die schriftliche eidesstattliche Versicherung ein Beweismittel?
Welchen Zweck hat sie?**

Die schriftliche eidesstattliche Versicherung dient lediglich der Glaubhaftmachung und ist kein Beweismittel.

4.   **Entsteht bei einer Anordnung des persönlichen Erscheinens einer
Parteien eine Beweisgebühr?**

Grundsätzlich entsteht sie dann nicht, es sei denn, sie wird als Partei vernommen.

4.8   Lösungen zum Trainingsteil

Lösung zu Aufgabe 5

Gegenstandswert: 35.800,00 DM

10/10 Prozessgebühr, §§ 11, 31 I 1 BRAGO	1.265,00 DM
10/10 Verhandlungsgebühr, §§ 11, 31 I 2 BRAGO	1.265,00 DM
10/10 Beweisgebühr, §§ 11, 31 I 3 BRAGO	1.265,00 DM
tatsächl. entstandene Postentgelte, §§ 11, 26 BRAGO	68,80 DM
Zwischensumme:	3.863,80 DM
16 % Umsatzsteuer, § 25 II BRAGO	579,57 DM
Aufwendungen für Anfragen, § 670 BGB	75,00 DM
Summe:	4.518,37 DM

Es entsteht wegen § 13 II BRAGO je nur eine Verhandlungsgebühr und eine Beweisgebühr. Auf die Aufwendungen nach § 670 BGB wird keine Umsatzsteuer berechnet.

Lösung zu Aufgabe 6

Gegenstandswert: 3.890,00 DM

10/10 Prozessgebühr, §§ 11, 31 I 1 BRAGO	265,00 DM
10/10 Verhandlungsgebühr, §§ 11, 31 I 2 BRAGO	265,00 DM
10/10 Beweisgebühr, §§ 11, 31 I 3 BRAGO	265,00 DM
Postentgelte, §§ 11, 26 BRAGO	40,00 DM
16 % Umsatzsteuer, § 25 II BRAGO	125,25 DM
Summe:	960,25 DM

Obwohl ein Beweistermin nicht stattgefunden hat, kann der Rechtsanwalt eine Beweisgebühr berechnen, weil er nach dem Beweisbeschluss eine nach außen gerichtete Tätigkeit entfaltet hat.

Lösung zu Aufgabe 7

Gegenstandswert: 7.350,00 DM

10/10 Prozessgebühr, §§ 11, 31 I 1 BRAGO	485,00 DM
10/10 Verhandlungsgebühr, §§ 11, 31 I 2 BRAGO	485,00 DM
Postentgelte, §§ 11, 26 BRAGO	40,00 DM
16 % Umsatzsteuer, § 25 II BRAGO	151,50 DM
Summe:	1.161,50 DM

Die *informatorische Anhörung der Parteien* stellt keine Beweisaufnahme durch Parteivernehmung im Sinne der §§ 445 ff., 613 ZPO dar. Sie diente lediglich der Erläuterung und Ergänzung des schriftsätzlichen Vorbringens und der Beseitigung von Widersprüchen.

5   Im Verdrängungswettbewerb: Die Erörterungsgebühr

Die Erörterungsgebühr ist eigentlich die vierte Regelgebühr des § 31 BRAGO. Nur hat es mit ihr so einige Besonderheiten...

5.1   Begriff und Entstehung der Erörterungsgebühr

Gehen wir einmal von folgendem Fall aus:

Fall 10 (Der überzeugende Rechtsanwalt)

> Im Prozess Bertram gegen Mertens bittet der Beklagte Mertens Rechtsanwalt Rasche, ihn gerichtlich zu vertreten. Es geht um einen Gegenstandswert von 25.000,00 DM. Im Termin besprechen die Parteien streitig die Sach- und Rechtslage. Es gelingt Rechtsanwalt Rasche, den Prozessbevollmächtigten des Klägers zu überzeugen, so dass dieser die Klage zurücknimmt. Erstellen Sie die Kostenrechnung für Rechtsanwalt Rasche!

In diesem Fall entsteht für die Prozessbevollmächtigten sicherlich eine Prozessgebühr - aber welche Gebühr ist im Termin entstanden? Eine Verhandlungsgebühr kann es nicht sein, weil ein „Verhandeln" ein „Stellen von Anträgen" bedeutet (s.o. Seite 37). Das ist hier nicht geschehen, eine Klagerücknahme löst keine Verhandlungsgebühr aus (s.o. Seite 37).

Mit **Erörtern** bezeichnet man im Regelfall ein Rechtsgespräch mit unterschiedlichen Standpunkten über streitige Fragen des Prozesses mit dem Ziel, die eigene Auffassung durchzusetzen *(OLG München NJW 76, 1642 = AnwBl. 76, 298; Hansen, § 31 RdNr. 52).* Oder kurz gefasst:

Der Begriff „erörtern"

Erörtern bedeutet streitiges Besprechen der Sach- und Rechtslage im Zivilprozess.

- Ein Erörtern liegt nach der Rechtsprechung auch dann vor, wenn ohne vorherige streitige Verhandlung nach zunächst streitiger Besprechung der Sach- und Rechtslage der Rechtsstreit unstreitig geworden ist und

- die Parteien den Rechtsstreit *übereinstimmend für erledigt erklären,*

- der Kläger die Klage bzw. das Rechtsmittel *zurücknimmt,*

Praxisfälle zur Erörterungsgebühr

- die Parteien sich *vergleichen*[2],

- der Beklagte den Anspruch *nach streitiger Besprechung anerkennt*[3]

- oder ein *Versäumnisurteil* gegen sich ergehen lässt *(OLG Düsseldorf JurBüro 80, 1532, OLG Koblenz JurBüro 88, 1173)*.

Dies sind in der täglichen Praxis die häufigsten Fälle, in denen eine Erörterungsgebühr berechnet werden kann. Erstellen Sie nun die Kostenrechnung für Rechtsanwalt Rasche im Fall 10 (Der überzeugende Rechtsanwalt)! Die Lösung finden Sie im Kapitel 5.3, Seite 59.

5.2 Die Anrechnungsvorschrift des § 31 II BRAGO

Nach § 31 II BRAGO werden Erörterungsgebühren und Verhandlungsgebühren, die denselben Gegenstand betreffen und in demselben Rechtszug entstehen, aufeinander angerechnet. Wie diese Vorschrift auszulegen ist, wird z. T. streitig diskutiert.

Fall 11 (Der uneinsichtige Rechtsanwalt)

> Rechtsanwalt Rasche erhebt für Mertens Klage gegen Bertram in Höhe von 18.800,00 DM. Im Termin besprechen die Parteien streitig die Sach- und Rechtslage. Es gelingt Rechtsanwalt Rasche nicht, den Prozessbevollmächtigten des Beklagten von seiner Rechtsmeinung zu überzeugen, weil dieser einer bei den Gerichten selten vertretenen Mindermeinung folgt. Schließlich stellen die Parteien streitige Anträge, und der Beklagte wird zur Zahlung verurteilt.

Der Streit um des Kaisers Bart

Wird hier eine Verhandlungs- und/oder Erörterungsgebühr berechnet? § 31 II BRAGO sagt klar: Nur eine Gebühr setzt sich durch, aber welche? Diese Frage ist streitig. Erkundigen Sie sich im Büro oder bei Ihren in Anspruch genommenen Gerichten, welche Meinung hier vertreten wird. Wir gehen von dem Normalfall aus, der auch in der Begründung zu dieser Vorschrift zum Ausdruck kommt *(BT-Drucks. 7/3243 S. 8, abgedruckt AnwBl. 75, 115 ff; Hansen, § 31 RdNr. 50)*:

Verhandlungsgebühr verdrängt Erörterungsgebühr

Grundsätzlich wird im Termin die Sach- und Rechtslage *zunächst erörtert, anschließend verhandelt* (durch Antragstellung). Mit der Erörterung entsteht die Erörterungsgebühr nach § 31 I 4 BRAGO. Schließt sich der Erörterung

---

[2] Siehe hierzu den Kursband von Karsten Roeser, Die Vergleichsgebühr, Gabler Verlag

[3] Siehe den Kursband von Karsten Roeser, Die Verhandlungsgebühren, Gabler Verlag (in Vorb.)

eine Verhandlung an, so fällt die Erörterungsgebühr wieder weg, weil jetzt die Verhandlungsgebühr entstanden ist und auch berechnet werden kann.

Lösung zu Fall 11 (Der uneinsichtige Rechtsanwalt)

Gegenstandswert: 18.800,00 DM

Summe:

5.3   Lösung der Fälle

Lösung zu Fall 10

Gegenstandswert: 25.000,00 DM

10/10 Prozessgebühr, §§ 11, 31 I 1 BRAGO	1.025,00 DM
10/10 Erörterungsgebühr, §§ 11, 31 I 4 BRAGO	1.025,00 DM
Postentgelte, §§ 11, 26 BRAGO	40,00 DM
16 % Umsatzsteuer, § 25 II BRAGO	313,50 DM
Summe:	2.403,50 DM

Lösung zu Fall 11

Gegenstandswert: 18.800,00 DM

10/10 Prozessgebühr, §§ 11, 31 I 1 BRAGO	945,00 DM
10/10 Verhandlungsgebühr, §§ 11, 31 I 2 BRAGO	945,00 DM
Postentgelte, §§ 11, 26 BRAGO	40,00 DM
16 % Umsatzsteuer, § 25 II BRAGO	289,50 DM
Summe:	2.219,50 DM

 Im Fall 11 ist zunächst erörtert worden, also ist zu diesem Zeitpunkt die Erörterungsgebühr entstanden, doch dann ist es zur Verhandlung gekommen. Also entsteht neben der Prozessgebühr nicht die Erörterungsgebühr, sondern die Verhandlungsgebühr, die die Erörterungsgebühr verdrängt.

5.4 Trainingsteil

Die Lösungen erhalten Sie auf Seite 62.

Aufgabe 8

Rechtsanwalt Rasche soll wegen eines Gegenstandswertes von 40.500,00 DM für Martens Klage gegen Bertram einreichen. Nach Klage-einreichung erörtern die Parteien die Sach- und Rechtslage. Schließlich stellen die Parteien streitige Anträge. Nach einer Beweisaufnahme mit Weiterverhandlung ergeht ein Urteil. Die tatsächlich entstandenen Post-entgelte betragen für Rechtsanwalt Rasche 89,65 DM.

Gegenstandswert: 40.500,00 DM

Summe:

Aufgabe 9

Rechtsanwalt Rasche erhebt für Martens Klage gegen Bertram über 32.000,00 DM. Im Termin besprechen die Parteien streitig die Sach- und Rechtslage. Schließlich nimmt Rechtsanwalt Rasche die Klage zurück. Erstellen Sie die Kostenrechnung für Rechtsanwalt Rasche!

Gegenstandswert: 32.000,00 DM

Summe:

5.5 Testen Sie sich selbst: Test- und Prüfungsfragen

1. Nach welcher Vorschrift entsteht eine Erörterungsgebühr?

Eine Erörterungsgebühr entsteht nach § 31 I 4 BRAGO.

2. Was bedeutet erörtern?

Erörtern bedeutet streitiges Besprechen der Sach- und Rechtslage im Zivilprozess.

3. Wie verhält sich die Erörterungsgebühr zur Verhandlungsgebühr?

Die Erörterungsgebühr wird durch die Verhandlungsgebühr verdrängt.

4. In welcher Vorschrift ist dieses Verhältnis der Erörterungsgebühr zur Verhandlungsgebühr geregelt?

in § 31 II BRAGO

5. In welchen Fällen bleibt dann die Erörterungsgebühr bestehen?

Die Erörterungsgebühr wird berechnet, wenn über denselben Gegenstandswert keine Verhandlungsgebühr entstanden ist.

6. Nennen Sie Beispiele, bei denen in der Praxis eine Erörterungsgebühr berechnet werden kann!

Wenn die Parteien den Rechtsstreit ohne vorherige streitige Verhandlung übereinstimmend für erledigt erklären,
der Kläger die Klage bzw. das Rechtsmittel zurücknimmt,
die Parteien sich vergleichen,
der Beklagte den Anspruch nach streitiger Besprechung anerkennt
oder ein Versäumnisurteil gegen sich ergehen lässt.

5.6 Lösungen zum Trainingsteil

Lösung zu Aufgabe 8

Gegenstandswert: 40.500,00 DM

10/10 Prozessgebühr, §§ 11, 31 I 1 BRAGO	1.345,00 DM
10/10 Verhandlungsgebühr, §§ 11, 31 I 2 BRAGO	1.345,00 DM
10/10 Beweisgebühr, §§ 11, 31 I 3 BRAGO	1.345,00 DM
tatsächl. entstandene Postentgelte, §§ 11, 26 BRAGO	89,65 DM
16 % Umsatzsteuer, § 25 II BRAGO	618,70 DM
Summe:	4.743,35 DM

Die Erörterungsgebühr wird durch die Verhandlungsgebühr verdrängt (§ 31 II BRAGO). Die tatsächlich entstandenen Postentgelte müssen bei der Festsetzung glaubhaft gemacht werden und dürfen nicht auf volle 10 Pf. aufgerundet werden (s.o. Seite 18, Kapitel 1.3.2.2: Nachweis erforderlich - Ersatz der tatsächlich entstandenen Kosten).

Lösung zu Aufgabe 9

Gegenstandswert: 32.000,00 DM

10/10 Prozessgebühr, §§ 11, 31 I 1 BRAGO	1.185,00 DM
10/10 Erörterungsgebühr, §§ 11, 31 I 4 BRAGO	1.185,00 DM
Postentgelte, §§ 11, 26 BRAGO	40,00 DM
16 % Umsatzsteuer, § 25 II BRAGO	361,50 DM
Summe:	2.771,50 DM

Siehe zu diesem Fall oben Testfrage Nr. 6.

6 Die Regelgebühren im Instanzenzug

Bisher haben wir uns in unseren Fällen immer auf die erste Instanz be-schränkt. Aber das kann ja nicht alles sein. Mindestens eine Partei ist nach einem erstinstanzlichen Urteil immer unzufrieden – nämlich die, die am meisten verloren hat. Aber da gibt es dann ja noch die weiteren In-stanzen. Die sind natürlich ziemlich aufwändig, und so kosten diese Rechtsmittelinstanzen auch mehr.

6.1 Der lange Kampf ums Recht: Die Instanzen

Zunächst - welche Instanzen kennt der Zivilprozess?

Der Zivilprozess kennt folgende Instanzen:	
Die erste Instanz	ist die Klageinstanz
die zweite Instanz	ist die Berufung(sinstanz) und
die dritte Instanz	ist die Revision(sinstanz)

Mit der *Berufung* und *Revision* werden *Urteile* angefochten; sie gelten deshalb als **Rechtsmittel**. Die (sofortige) *Beschwerde*, die ebenfalls als Rechtsmittel zählt, ist zulässig in einigen Fällen der Anfechtung von *Beschlüssen*. Allen Rechtsmitteln ist es gemeinsam, dass über sie ein übergeordnetes Gericht entscheidet, dass sie also den Rechtsstreit „eine Instanz höher" bringen (Devo-lutiveffekt). Wie wirkt es sich aber gebührenrechtlich aus, wenn der Rechts-anwalt in der Berufungs- oder Revisionsinstanz tätig wird?

Fall 12 (Berufungsinstanz)

Rechtsanwalt Rasche geht für Mertens gegen Bertram in die Berufung we-gen 3.600,00 DM. Nach streitiger mündlicher Verhandlung und einer Be-weisaufnahme mit Weiterverhandlung ergeht ein Urteil.

Um diesen einfachen Fall lösen zu können, müssen wir uns eine Vorschrift etwas genauer ansehen, die wir aber schon vom ersten Fall an bereits regelmä-ßig zitiert haben: *§ 11 BRAGO*.

6.2   Das Fundament des Kostenrechts: § 11 BRAGC

Warum haben wir stets bei einer Gebühr diese Vorschrift zitiert? Warum ist sie
auch für den Instanzenzug wichtig? - Sie ist das Fundament für die Gebühren
des Rechtsanwalts. Hier sind drei grundsätzliche Festlegungen geregelt:

6.2.1 Der Verweis auf die Gebührentabelle

Die Höhe einer vollen (= 10/10) Gebühr ergibt sich aus einer Tabelle, die der
BRAGO als Anlage beigefügt ist (§ 11 I S. 3 BRAGO). Aus dieser grundle-
genden Tabelle, deren Höhe von dem jeweiligen Gegenstandswert abhängt,
haben wir bisher unsere Gebühren abgelesen. Die Tabelle hat eine absteigende
Tendenz (Degression), d. h. die Relation Gegenstandswert - Gebühr sinkt mit
steigendem Wert. Übrigens: Die Tabelle brauchen Sie nicht zu suchen – sie ist
ab Seite 123 abgedruckt.

6.2.2 Die Höhe einer vollen Gebühr

- Eine volle Gebühr beträgt in der *ersten Instanz 10/10* (eine halbe Gebühr
  beträgt hier also 5/10).

- In der *zweiten Instanz* erhöht sich dieser Wert nach § 11 S. 4 BRAGO um
  3/10, beträgt also **13/10** für die volle und 13/20 für die halbe Gebühr. (Für
  eine halbe 13/10 Gebühr könnte man ja eigentlich auch 6,5/10 sagen, doch
  hat sich diese Schreibweise nicht eingebürgert.)

- In der *dritten Instanz* erhöht sich die *Prozessgebühr* auf *20/10 (!)*, wenn
  sich die Parteien nur durch einen beim BGH zugelassenen Rechtsanwalt
  vertreten lassen können (§ 11 I S. 5 BRAGO). Diese Erhöhung gilt jedoch
  nur für den BGH-Anwalt, nicht aber z. B. für den *Korrespondenzanwalt
  (Hansen, BRAGO, § 11 RdNr. 6)*. Eine halbe Prozessgebühr, z. B. nach
  § 32 I BRAGO, würde also eine 10/10 Gebühr sein! Im übrigen beträgt
  beim BGH eine volle Gebühr **13/10**. Das gilt auch für den *BGH-Anwalt*.
  Eine halbe Verhandlungsgebühr, etwa nach § 33 I BRAGO, beträgt dort
  entsprechend (wie in der zweiten Instanz) 13/20.

Das ist Ihnen jetzt auf Anhieb noch nicht ganz klar? Wir üben jetzt! Aber die
Lösung von Fall 12 (Berufungsinstanz) oben auf Seite 63 können Sie sicherlich schon. Da in der zweiten Instanz eine volle Gebühr ___/10 beträgt (s.o.),
lautet die Kostenrechnung (die Lösung finden Sie unten im Kapitel 6.4, ab
Seite 70):

Lösung zu Fall 12 (Berufungsinstanz)

Gegenstandswert: 3.600,00 DM

16 % Umsatzsteuer, § 25 II BRAGO	161,03 DM
Summe:	1.234,53 DM

Nun zur Revision:

Fall 13 (Das Rechtsproblem)

> Rechtsanwalt Rasche geht für Martens gegen Bertram in die Revision we-
> gen 95.000,00 DM. Es geht vor allem um eine grundsätzliche Rechtsfrage,
> die höchstrichterlich noch nicht entschieden wurde. Nach einer Erörterung
> über die tatsächlichen und rechtlichen Voraussetzungen dieses Problems
> und einer streitigen mündlichen Verhandlung ergeht ein Urteil.

Dieser grundlegende Fall enthält weiter keine Besonderheiten. Denken Sie
daran, dass nach § 11 I S. 5 BRAGO für den BGH-Anwalt (und das ist diesmal
Rechtsanwalt Rasche) eine Prozessgebühr 20/10 beträgt, es bei den anderen
Gebühren aber bei 13/10 verbleibt (§ 11 I S. 4 BRAGO). Berücksichtigen Sie
weiter die Anrechnungsvorschrift des § 31 II BRAGO! Versuchen Sie die
Lösung:

Lösung zu Fall 13 (Das Rechtsproblem)

Gegenstandswert: 95.000,00 DM

16 % Umsatzsteuer, § 25 II BRAGO	1.057,88 DM
Summe:	8.110,38 DM

6.2.3 Mindestbetrag

Nach § 11 II 1 BRAGO beträgt der Mindestbetrag einer Gebühr 20 DM. Dies gilt auch für eine Bruchteilsgebühr. So beträgt z. B. eine 3/10 Gebühr für den Vollstreckungsauftrag von einem Gegenstandswert in Höhe von 500 DM nach §§ 11, 57, 58, 31 I 1 BRAGO nicht, wie die Berechnung ergibt, 15 DM, sondern 20 DM!

Die Regelung über den Mindestbetrag gilt nicht für die Berechnung der Postentgelte (es bleibt bei den 15 %) und die Hebegebühr. Bei der Hebegebühr schreibt § 22 III BRAGO einen eigenen Mindestbetrag vor, nämlich 1 DM.

6.2.4 Aufrundung

Nach § 11 II 2 BRAGO sind Pfennigbeträge auf 10 Deutsche Pfennig *aufzurunden*. Ein Betrag von 75 Pfennig ist auf 80 Pfennig aufzurunden, aber auch statt 71 Pfennig sind 80 Pfennig in der Kostenrechnung anzugeben.

Diese Vorschrift gilt auch für die Pauschale der Postentgelte (§§ 11, 26 BRAGO), nicht jedoch für die Berechnung der tatsächlich entstandenen Postentgelte und der anderen Auslagen.

Damit sind weitere wichtige Grundlagen gelegt. Was jetzt noch notwendig ist, das sind die wichtigsten Fallvarianten für den Instanzenzug:

6.3 Weitere Fälle zum Instanzenzug

Fall 14 (Ein Gegenstandswert für alle Instanzen)

Rechtsanwalt Rasche erhebt für Martens Klage gegen Bertram über 125.000,00 DM. Nach zwei streitigen mündlichen Verhandlungen und einer Beweisaufnahme mit Weiterverhandlung wird der Klage stattgegeben.

Hiergegen legt Bertram durch Rechtsanwalt Sanders Berufung ein. Nach einer streitigen mündlichen Verhandlung und einer Beweisaufnahme mit Weiterverhandlung wird das erstinstanzliche Urteil aufgehoben und die Klage abgewiesen.

Für Martens geht nun Rechtsanwalt Tannen in die Revision. Nach einer streitigen mündlichen Verhandlung ergeht ein Urteil.

Erstellen Sie die Kostenrechnungen für alle Instanzen!

Diese Aufgabe enthält weiter keine Schwierigkeiten. Denken Sie an § 13 II BRAGO!

Lösung zu Fall 14 (Ein Gegenstandswert für alle Instanzen)

1. Instanz – Gegenstandswert: 125.000,00 DM

Summe:

2. Instanz – Gegenstandswert:

....

....

....

....

....

....

Summe:

3. Instanz – Gegenstandswert:

....

....

....

....

Summe:

Der Gegenstandswert ist klar. Es ist nach § 13 II BRAGO unerheblich, wie oft die Parteien im Prozess streitig verhandelt haben: Es entsteht nur eine Verhandlungsgebühr.

Fall 15 (Zwei verschiedene Streitwerte)

Rechtsanwalt Rasche erhebt für Martens Klage gegen Bertram über 295.500,00 DM. Nach einer streitigen mündlichen Verhandlung und einer Beweisaufnahme mit Weiterverhandlung wird die Klage in Höhe von 197.000,00 DM abgewiesen.

Hiergegen legt Rechtsanwalt Rasche Berufung ein. Nach drei streitigen mündlichen Verhandlungen ergeht ein zurückweisendes Urteil.

Für Martens geht nun Rechtsanwalt Sanders in die Revision. Nach Erörterung der Sach- und Rechtslage nimmt Rechtsanwalt Sanders die Revision zurück. - Erstellen Sie die Kostenrechnungen für alle Instanzen!

Passen Sie auf den Gegenstandswert in der zweiten und dritten Instanz auf! Vergleichen Sie:

Lösung zu Fall 15

1. Instanz – Gegenstandswert:

Summe:

2. Instanz – Gegenstandswert:

Summe:

3. Instanz – Gegenstandswert:

Summe:

Eine letzte Variante:

Fall 16 (Instanzenzug mit drei Gegenstandswerten)

Rechtsanwalt Rasche erhebt für seinen Mandanten M Klage gegen B über 121.000,00 DM. Nach einer streitigen mündlichen Verhandlung und einer Beweisaufnahme mit Weiterverhandlung wird der Beklagte verurteilt, an den Kläger 100.000,00 DM zu zahlen. Im übrigen wird die Klage abgewiesen.

Wegen der Verurteilung zur Zahlung legt der Beklagte durch Rechtsanwalt S Berufung ein. Nach einer streitigen mündlichen Verhandlung wird das erstinstanzliche Urteil aufgehoben und die Klage in Höhe von weiteren 80.000,00 DM abgewiesen.

Für den Kläger M geht nun Rechtsanwalt T in die Revision. Nach einer streitigen mündlichen Verhandlung ergeht ein Urteil.

Wie viel Gegenstandswerte haben wir jetzt? Die Lösung finden Sie gleich am Ende des nachfolgenden Kapitels:

6.4   Lösung der Fälle

Lösung zu Fall 12

Gegenstandswert: 3.600,00 DM

13/10 Prozessgebühr, §§ 11, 31 I 1 BRAGO	344,50 DM
13/10 Verhandlungsgebühr, §§ 11, 31 I 2 BRAGO	344,50 DM
13/10 Beweisgebühr, §§ 11, 31 I 3 BRAGO	344,50 DM
Postentgelte, §§ 11, 26 BRAGO	40,00 DM
16 % Umsatzsteuer, § 25 II BRAGO	161,03 DM
Summe:	1.234,53 DM

Für die zweite Instanz beträgt die (erhöhte) volle Gebühr für alle Prozessbevollmächtigten 13/10.

Lösung zu Fall 13

Gegenstandswert: 95.000,00 DM

20/10 Prozessgebühr, §§ 11, 31 I 1 BRAGO	4.250,00 DM
13/10 Verhandlungsgebühr, §§ 11, 31 I 2 BRAGO	2.762,50 DM
Postentgelte, §§ 11, 26 BRAGO	40,00 DM
16 % Umsatzsteuer, § 25 II BRAGO	1.057,88 DM
Summe:	8.110,38 DM

Die Pauschale für die Postentgelte erhöht sich weder für die zweite noch für die dritte Instanz. Die Erörterungsgebühr wird durch die Verhandlungsgebühr verdrängt (§ 31 II BRAGO).

Lösung zu Fall 14

1. Instanz – Gegenstandswert: 125.000,00 DM

10/10 Prozessgebühr, §§ 11, 31 I 1 BRAGO	2.285,00 DM
10/10 Verhandlungsgebühr, §§ 11, 31 I 2 BRAGO	2.285,00 DM
10/10 Beweisgebühr, §§ 11, 31 I 3 BRAGO	2.285,00 DM
Postentgelte, §§ 11, 26 BRAGO	40,00 DM
16 % Umsatzsteuer, § 25 II BRAGO	1.034,25 DM
Summe:	7.929,25 DM

2. Instanz – Gegenstandswert: 125.000,00 DM

13/10 Prozessgebühr, §§ 11, 31 I 1 BRAGO	2.970,50 DM
13/10 Verhandlungsgebühr, §§ 11, 31 I 2 BRAGO	2.970,50 DM
13/10 Beweisgebühr, §§ 11, 31 I 3 BRAGO	2.970,50 DM
Postentgelte, §§ 11, 26 BRAGO	40,00 DM
16 % Umsatzsteuer, § 25 II BRAGO	1.342,73 DM
Summe:	10.294,23 DM

3. Instanz – Gegenstandswert: 125.000,00 DM

20/10 Prozessgebühr, §§ 11, 31 I 1 BRAGO	4.570,00 DM
13/10 Verhandlungsgebühr, §§ 11, 31 I 2 BRAGO	2.970,50 DM
Postentgelte, §§ 11, 26 BRAGO	40,00 DM
16 % Umsatzsteuer, § 25 II BRAGO	1.137,08 DM
Summe:	8.717,58 DM

Lösung zu Fall 15

1. Instanz – Gegenstandswert: 295.500,00 DM

10/10 Prozessgebühr, §§ 11, 31 I 1 BRAGO	3.245,00 DM
10/10 Verhandlungsgebühr, §§ 11, 31 I 2 BRAGO	3.245,00 DM
10/10 Beweisgebühr, §§ 11, 31 I 3 BRAGO	3.245,00 DM
Postentgelte, §§ 11, 26 BRAGO	40,00 DM
16 % Umsatzsteuer, § 25 II BRAGO	1.466,25 DM
Summe:	11.241,25 DM

2. Instanz – Gegenstandswert: 197.000,00 DM

13/10 Prozessgebühr, §§ 11, 31 I 1 BRAGO	3.594,50 DM
13/10 Verhandlungsgebühr, §§ 11, 31 I 2 BRAGO	3.594,50 DM
Postentgelte, §§ 11, 26 BRAGO	40,00 DM
16 % Umsatzsteuer, § 25 II BRAGO	1.084,35 DM
Summe:	8.313,35 DM

3. Instanz - Gegenstandswert: 197.000,00 DM

20/10 Prozessgebühr, §§ 11, 31 I 1 BRAGO	5.530,00 DM
13/10 Erörterungsgebühr, §§ 11, 31 I 4 BRAGO	3.594,50 DM
Postentgelte, §§ 11, 26 BRAGO	40,00 DM
16 % Umsatzsteuer, § 25 II BRAGO	1.374,68 DM
Summe:	10.539,18 DM

In den Rechtsmittelinstanzen ging es nur noch um die streitigen 197.000,00 DM. Diesmal ist in der Revision die Erörterungsgebühr entstanden, weil dort nicht verhandelt wurde.

Lösung zu Fall 16

Gegenstandswert: 121.000,00 DM

10/10 Prozessgebühr, §§ 11, 31 I 1 BRAGO	2.285,00 DM
10/10 Verhandlungsgebühr, §§ 11, 31 I 2 BRAGO	2.285,00 DM
10/10 Beweisgebühr, §§ 11, 31 I 3 BRAGO	2.285,00 DM
Postentgelte, § 26 BRAGO	40,00 DM
16 % Umsatzsteuer, § 25 II BRAGO	1.034,25 DM
Summe:	7.929,25 DM

Gegenstandswert: 100.000,00 DM

13/10 Prozessgebühr, §§ 11, 31 I 1 BRAGO	2.762,50 DM
13/10 Verhandlungsgebühr, §§ 11, 31 I 2 BRAGO	2.762,50 DM
Postentgelte, § 26 BRAGO	40,00 DM
16 % Umsatzsteuer, § 25 II BRAGO	834,75 DM
Summe:	6.399,75 DM

Gegenstandswert: 80.000,00 DM

20/10 Prozessgebühr, §§ 11, 31 I 1 BRAGO	3.690,00 DM
13/10 Verhandlungsgebühr, §§ 11, 31 I 2 BRAGO	2.398,50 DM
Postentgelte, § 26 BRAGO	40,00 DM
16 % Umsatzsteuer, § 25 II BRAGO	919,28 DM
Summe:	7.047,78 DM

In dieser Variante gilt für jede der durchlaufenen Instanzen ein eigener Gegenstandswert. Man muss sich genau überlegen, um welchen Betrag es in der jeweiligen Instanz jeweils für die Parteien ging.

6.5   Trainingsteil

Erstellen Sie die Kostenrechnungen in den nachfolgenden Fällen! Die Lösungen finden Sie auf Seite 79.

Aufgabe 10

Rechtsanwalt Rasche erhebt für Martens Klage gegen Bertram über 121.000,00 DM. Nach zwei streitigen mündlichen Verhandlungen und einer Beweisaufnahme mit Weiterverhandlung wird der Beklagte verurteilt, an den Kläger 95.500,00 DM zu zahlen. Im übrigen wird die Klage abgewiesen.

Wegen der Verurteilung zur Zahlung legt der Beklagte durch Rechtsanwalt Sanders Berufung ein. Nach einer streitigen mündlichen Verhandlung und einer Beweisaufnahme mit Weiterverhandlung wird das erstinstanzliche Urteil aufgehoben und die Klage auch wegen der 95.500,00 DM abgewiesen.

Für Martens geht nun Rechtsanwalt Tannen in die Revision über einen Gegenstandswert von 72.000,00 DM. Nach einer streitigen mündlichen Verhandlung ergeht ein Urteil.

1. Instanz – Gegenstandswert: 121.000,00 DM

Summe:

2. Instanz – Gegenstandswert: 95.500,00 DM

Summe:

3. Instanz – Gegenstandswert: 72.000,00 DM

Summe:

Aufgabe 11

Rechtsanwalt Rasche erhebt für Martens Klage gegen Bertram über 280.000,00 DM. Nach einer streitigen mündlichen Verhandlung und einer Beweisaufnahme mit Weiterverhandlung wird die Klage in Höhe von 186.000,00 DM abgewiesen.

Hiergegen legt Rechtsanwalt Rasche Berufung ein. Nach drei mündlichen Verhandlungen ergeht ein zurückweisendes Urteil.

Für Martens geht nun Rechtsanwalt Sanders in die Revision. Nach streitiger mündlicher Verhandlung ergeht ein Urteil.

1. Instanz – Gegenstandswert: 280.000,00 DM

Summe:

2. Instanz – Gegenstandswert: 186.000,00 DM
....

....

....

....

....

Summe:
....

3. Instanz – Gegenstandswert: 186.000,00 DM
....

....

....

....

....

Summe:
....

Aufgabe 12

Rechtsanwalt Rasche erhebt für Mertens Klage gegen Bertram über 380.000,00 DM. Nach zwei streitigen mündlichen Verhandlungen und einer Beweisaufnahme mit Weiterverhandlung wird der Beklagte verurteilt, an den Kläger 126.000,00 DM zu zahlen. Im übrigen wird die Klage abgewiesen.

Wegen der Klagabweisung legt der Kläger nunmehr durch Rechtsanwalt Schäfer Berufung ein. Nach einer streitigen mündlichen Verhandlung und einer Beweisaufnahme mit Weiterverhandlung wird das erstinstanzliche Urteil teilweise aufgehoben und der Beklagte verurteilt, an den Kläger 211.000,00 DM zu zahlen.

Für den Beklagten geht nun Rechtsanwalt Tack wegen 140.000 DM in die Revision. Nach einer Erörterung der Sach- und Rechtslage und einer streitigen mündlichen Verhandlung ergeht ein Urteil.

Gegenstandswert:

Summe: 12.897,25 DM

Gegenstandswert:

Summe: 13.882,23 DM

Gegenstandswert:

Summe: 9.324,78 DM

6.6   Testen Sie sich selbst: Test- und Prüfungsfragen

1.   Was ist in § 11 BRAGO geregelt?

In § 11 BRAGO ist geregelt: Der Verweis auf die Gebührentabelle, die
Höhe einer vollen Gebühr, der Mindestbetrag einer Gebühr in Höhe von
20 DM und die Aufrundung auf volle 10 Pfennig.

2.   Wie hoch ist eine volle Gebühr?

In der ersten Instanz beträgt eine volle Gebühr 10/10,
in der zweiten Instanz wird sie auf 13/10 erhöht
und in der dritten Instanz wird die Prozessgebühr auf 20/10 erhöht, die
anderen vollen Gebühren betragen 13/10.

**3.   Wie hoch ist z. B. eine halbe Verhandlungsgebühr in der zweiten
Instanz?**

13/20

4.   Wie hoch ist der Mindestbetrag einer Gebühr?

20 DM

5.   Gilt dies auch für eine Bruchteilsgebühr (z. B. 3/10)?

Ja, sie beträgt ebenfalls 20 DM.

**6.   Gibt es auch für die pauschal berechneten Postentgelte eine Mindest-
gebühr?**

Nein, die von den Gebühren zu berechnenden Postentgelte betragen auch
dann 15 %, wenn dieser Betrag unter 20 DM liegt.

**7.   Gibt es für die Hebegebühr (§ 22 BRAGO) eine Mindestgebühr und
wie hoch ist der Mindestbetrag gegebenenfalls?**

Der Mindestbetrag für die Hebegebühr beträgt 1 DM (§ 22 III BRAGO).

**8.   Wofür gilt die Aufrundungsvorschrift des § 11 II 2 BRAGO (auf volle
10 Pfennig) nicht?**

Die Aufrundungsvorschrift gilt nicht für die Berechnung der tatsächlich
entstandenen Postentgelte (§§ 11, 26 BRAGO) und für die anderen Auslagen.

6.7 Lösungen zum Trainingsteil

Lösung zu Aufgabe 10

1. Instanz – Gegenstandswert: 121.000,00 DM

10/10 Prozessgebühr, §§ 11, 31 I 1 BRAGO	2.285,00 DM
10/10 Verhandlungsgebühr, §§ 11, 31 I 2 BRAGO	2.285,00 DM
10/10 Beweisgebühr, §§ 11, 31 I 3 BRAGO	2.285,00 DM
Postentgelte, §§ 11, 26 BRAGO	40,00 DM
16 % Umsatzsteuer, § 25 II BRAGO	1.034,25 DM
Summe:	7.929,25 DM

2. Instanz – Gegenstandswert:95.500,00 DM

13/10 Prozessgebühr, §§ 11, 31 I 1 BRAGO	2.762,50 DM
13/10 Verhandlungsgebühr, §§ 11, 31 I 2 BRAGO	2.762,50 DM
13/10 Beweisgebühr, §§ 11, 31 I 3 BRAGO	2.762,50 DM
Postentgelte, §§ 11, 26 BRAGO	40,00 DM
16 % Umsatzsteuer, § 25 II BRAGO	1.249,13 DM
Summe:	9.576,63 DM

3. Instanz – Gegenstandswert: 72.000,00 DM

20/10 Prozessgebühr, §§ 11, 31 I 1 BRAGO	3.690,00 DM
13/10 Verhandlungsgebühr, §§ 11, 31 I 2 BRAGO	2.398,50 DM
Postentgelte, §§ 11, 26 BRAGO	40,00 DM
16 % Umsatzsteuer, § 25 II BRAGO	919,28 DM
Summe:	7.047,78 DM

Hier entsteht für jede Instanz ein anderer Gegenstandswert.

Lösung zu Aufgabe 11

1. Instanz – Gegenstandswert: 280.000,00 DM

10/10 Prozessgebühr, §§ 11, 31 I 1 BRAGO	3.085,00 DM
10/10 Verhandlungsgebühr, §§ 11, 31 I 2 BRAGO	3.085,00 DM
10/10 Beweisgebühr, §§ 11, 31 I 3 BRAGO	3.085,00 DM
Postentgelte, §§ 11, 26 BRAGO	40,00 DM
16 % Umsatzsteuer, § 25 II BRAGO	1.394,25 DM
Summe:	10.689,25 DM

2. Instanz – Gegenstandswert: 186.000,00 DM

13/10 Prozessgebühr, §§ 11, 31 I 1 BRAGO	3.386,50 DM
13/10 Verhandlungsgebühr, §§ 11, 31 I 2 BRAGO	3.386,50 DM
Postentgelte, §§ 11, 26 BRAGO	40,00 DM
16 % Umsatzsteuer, § 25 II BRAGO	1.021,95 DM
Summe:	7.834,95 DM

3. Instanz – Gegenstandswert: 186.000,00 DM

20/10 Prozessgebühr, §§ 11, 31 I 1 BRAGO	5.210,00 DM
13/10 Verhandlungsgebühr, §§ 11, 31 I 2 BRAGO	3.386,50 DM
Postentgelte, §§ 11, 26 BRAGO	40,00 DM
16 % Umsatzsteuer, § 25 II BRAGO	1.295,48 DM
Summe:	9.931,98 DM

Lösung zu Aufgabe 12

1. Instanz (Klageverfahren):

Gegenstandswert: 380.000,00 DM

10/10 Prozessgebühr, §§ 11, 31 I 1 BRAGO	3.725,00 DM
10/10 Verhandlungsgebühr, §§ 11, 31 I 2 BRAGO	3.725,00 DM
10/10 Beweisgebühr, §§ 11, 31 I 3 BRAGO	3.725,00 DM
Postentgelte, § 26 BRAGO	40,00 DM
16 % Umsatzsteuer, § 25 II BRAGO	1.682,25 DM
Summe:	12.897,25 DM

2. Instanz (Berufung):

Gegenstandswert: 254.000,00 DM

13/10 Prozessgebühr, §§ 11, 31 I 1 BRAGO	4.010,50 DM
13/10 Verhandlungsgebühr, §§ 11, 31 I 2 BRAGO	4.010,50 DM
13/10 Beweisgebühr, §§ 11, 31 I 3 BRAGO	4.010,50 DM
Postentgelte, § 26 BRAGO	40,00 DM
16 % Umsatzsteuer, § 25 II BRAGO	1.810,73 DM
Summe:	13.882,23 DM

3. Instanz (Revision):

Gegenstandswert: 140.000,00 DM

20/10 Prozessgebühr, §§ 11, 31 I 1 BRAGO	4.890,00 DM
13/10 Verhandlungsgebühr, §§ 11, 31 I 2 BRAGO	3.178,50 DM
Postentgelte, § 26 BRAGO	40,00 DM
16 % Umsatzsteuer, § 25 II BRAGO	1.216,28 DM
Summe:	9.324,78 DM

Auch hier muss wieder genau überlegt werden: Wer legt ein Rechtsmittel ein? Wogegen wendet sich der Rechtsmittelkläger letzten Endes? Wie hoch ist eigentlich der Gegenstandswert für die jeweilige Instanz?

In der Praxis ist dieses Problem in der Regel nicht sehr groß, da ein Blick in die Anträge, wie sie in den Schriftsätzen angekündigt und im Termin zur mündlichen Verhandlung gestellt werden, sofort Auskunft gibt.

Diejenigen aber, die noch mit Zwischen- oder Abschlussprüfungen rechnen müssen, haben es da nicht ganz so leicht. Mit der Lösung von Fällen dieser Art sollen die Prüflinge beweisen, dass sie die Grundlagen des Prozessrechts verstanden haben und aus diesem Verständnis heraus den Gegenstandswert selbst erkennen können. – Wie immer aber gilt: Erkundigen Sie sich, wenn möglich, ob Fälle dieser Art in der Prüfung gestellt werden können. In der Regel ist das allerdings der Fall...

7 Die Streitwertberechnung bei Erhöhung und Ermäßigung

Bisher war die Höhe des Gegenstandswertes eigentlich immer selbstverständlich, aber in der Prüfung und Praxis ist das leider nicht immer so. Ganz im Gegenteil: Häufig findet sich gerade hier das Problem! - Fangen wir zunächst mit ganz leichten Fällen an:

7.1 Die Zusammenrechnung

Fall 17 (Der Verkehrsunfall)

Nehmen wir einmal an, in einer Verkehrsunfallsache reicht der Rechtsanwalt Klage ein über folgende Ansprüche: Personenschaden 2.000 DM, Sachschaden 12.000 DM, Schmerzensgeld 1.000 DM und Verdienstausfall 3.000 DM. Wie hoch ist der Gegenstandswert?

Maßgebliche Rechtsgrundlage für diesen Fall ist § 7 BRAGO. Nach § 7 I BRAGO werden Wertgebühren (und die Regelgebühren sind ja solche Wertgebühren), soweit die BRAGO nichts anderes bestimmt, nach dem Wert berechnet (**Wertgebühren**). In derselben Angelegenheit (in unserem Fall gegeben) werden die Werte mehrerer Gegenstände **zusammengerechnet** (§ 7 II BRAGO). Zum Begriff „dieselbe Angelegenheit" s.o. Seite 39 (Einmaligkeit der Regelgebühren) und *Hansen, BRAGO, § 13, RdNr. 6 ff. mit weiteren Nachweisen aus der Rechtsprechung.* Damit haben wir die Lösung für unseren leichten Ausgangsfall: Von welchem Gegenstandswert gehen wir bei der Kostenrechnung aus?

Wertgebühren

Lösung zu Fall 17

....

....

Die Lösungen zu den Fällen aus diesem Kapitel finden Sie in dem Kapitel 7.7, Seite 97.

Halten wir fest:

REGEL 1

Mehrere Ansprüche werden in derselben Angelegenheit zusammengezählt (§ 7 II BRAGO).

7.2 Die Erhöhung und Ermäßigung der Prozessgebühr

Fall 18 (Die Erhöhung der Prozessgebühr)

Rechtsanwalt Rasche erhebt für Martens Klage über 4.000,00 DM, nach Zustellung der Klageschrift erhöht der Kläger die Klageforderung um weitere 1.000,00 DM. Nach einer streitigen mündlichen Verhandlung über die erhöhte Forderung und einer Beweisaufnahme mit Weiterverhandlung ergeht ein Urteil.

Mit Einreichung der Klageschrift bei Gericht ist für Rechtsanwalt Rasche eine volle Prozessgebühr über 4.000 DM entstanden. Nachdem die Klage aber um 1.000 DM erhöht wurde, ist über 5.000 DM prozessiert, verhandelt und Beweis erhoben worden. Die Kostenrechnung lautet also:

Lösung zu Fall 18

Hier sind die Gegenstandswerte also für alle Gebühren gleich. Etwas anders kann es sich aber verhalten, wenn die Klage gleich zu Beginn wieder ermäßigt wird:

(Zur Erinnerung: Die Lösungen zu den Fällen aus diesem Kapitel finden Sie in dem Kapitel 7.7, Seite 97.)

Fall 19 (Die sofortige Teilzahlung)

> Rechtsanwalt Rasche erhebt für Martens Klage über 3.000,00 DM, nach Zustellung der Klageschrift zahlt der Beklagte auf die Klageforderung 1.000,00 DM, und insoweit erklären die Parteien im Termin übereinstimmend den Rechtsstreit für erledigt. Nach einer streitigen Verhandlung über den Rest und einer Beweisaufnahme in einem späteren Termin mit Weiterverhandlung ergeht ein Urteil.

Nehmen wir zunächst einmal an, nach Zustellung der Klage kommt es zu einem längeren Schriftwechsel, und schließlich hat der Gegner ein Einsehen und zahlt. Daraufhin wird die Sache für erledigt erklärt. Niemand hätte Bedenken, Rechtsanwalt Rasche für die Einreichung der Klageschrift und Führung des Prozesses eine 10/10 Prozessgebühr über den Gegenstandswert von 3.000 DM einschließlich Postentgelte und Umsatzsteuer zuzugestehen. Das ist auch richtig so. Aber folgerichtig kann man dann dem Rechtsanwalt die Prozessgebühr nicht kürzen, wenn er den Prozess weiterführt. Die längere Arbeit darf ja schließlich nicht dazu führen, dass er weniger verdient. Rechtsanwalt Rasche erhält in unserem Fall also zunächst einmal eine 10/10 Prozessgebühr nach §§ 11, 31 I 1 BRAGO über den Gegenstandswert von 3.000 DM. - Also:

REGEL 2

Die einmal in bestimmter Höhe entstandene Prozessgebühr wird bei einer Ermäßigung des Rechtsstreits nicht wieder herabgesetzt; sie ist ja bereits entstanden.

Aber lediglich über je 2 000 DM wurde verhandelt und Beweis erhoben. Dieser Wert ist dann auch für die Verhandlungs- und Beweisgebühr maßgeblich. Versuchen Sie die Kostenrechnung:

Lösung zu Fall 19

7.3 Exkurs: Die Erledigungserklärung oder der Weg aus der Zwickmühle

Wie Sie sehen, gibt es für die Erledigungserklärung keine Gebühr. Warum gibt es überhaupt eine solche Erledigungserklärung? Versetzen Sie sich einmal in die Rolle eines Rechtsanwalts, der Klage über einen bestimmten Betrag erhoben hat und dem der Mandant kurz vor dem Termin mitteilt, dass der Gegner einen Teilbetrag - sagen wir einmal 1.000 DM wie im Fall 19 (Die sofortige Teilzahlung), Seite 85 - gezahlt hat. Wie soll sich der Rechtsanwalt verhalten? Kann er den Klageanspruch einfach in voller Höhe aufrecht erhalten? Das geht nicht, dann würde der Richter den Kläger durch Urteil in dieser Höhe abweisen mit der lapidaren Begründung: „Der Betrag von 1.000 DM steht dem Kläger nicht zu; er hat ihn ja schon erhalten." Kostenfolge: Der Kläger hat anteilig die Kosten zu tragen (§ 92 ZPO). Das wäre in unserem Fall aber ungerecht.

Das Dilemma des Rechtsanwalts bei Teilzahlung

Sollte der Rechtsanwalt also lieber den Anspruch von 1.000 DM zurücknehmen? Die Folge wäre ebenso fatal: Nach § 269 Abs. 3 ZPO ist bei einer Klagerücknahme der Kläger ebenfalls verpflichtet, die Kosten zu tragen! Der Rechtsanwalt steckt in einem solche Fall also wahrhaft in einer Zwickmühle: Wie immer er sich verhält, so scheint es, er muss die Kosten tragen. Aus diesem Dilemma hilft ihm nun die Erledigungserklärung nach § 91a ZPO: Haben die Parteien in der mündlichen Verhandlung, durch Einreichung eines Schriftsatzes oder zu Protokoll der Geschäftsstelle den Rechtsstreit übereinstimmend für erledigt erklärt, so entscheidet das Gericht lediglich noch über die Kosten nach „billigem" Ermessen durch Beschluss. Maßgeblich ist dabei der mutmaßliche Ausgang des Prozesses: Wer voraussichtlich diesen Anspruch nach dem derzeitigen Stand des Prozesses hätte bezahlen müssen, der muss dann insoweit auch die Kosten tragen. Die Erledigungserklärung ist eine rein prozessuale Erklärung, die selbst keine Gebühr verursacht, auch keine Verhandlungsgebühr.

REGEL 3

Erklären die Parteien den Rechtsstreit über einen Teilbetrag für erledigt, so ermäßigt sich der Gegenstandswert um diesen Betrag. Der Rechtsanwalt erhält für die Erledigungserklärung keine Gebühr.

7.4   Die Verhandlungsgebühr

Bisher war der Gegenstandswert für die Verhandlungsgebühr problemlos. Nehmen wir aber einmal den nächsten Fall.

Fall 20 (Verhandlungen nach Zahlung)

> Rechtsanwalt Rasche erhebt für M Klage über 8.000,00 DM. Nach einer streitigen mündlichen Verhandlung zahlt der Beklagte auf die Klageforderung 2.000,00 DM, und insoweit erklären die Parteien in einem zweiten Termin übereinstimmend den Rechtsstreit für erledigt. Nach einer streitigen Verhandlung über den Rest ergeht ein Urteil.

Wie lautet nun die Kostenrechnung für Rechtsanwalt Rasche? Der *Gegenstandswert für die Prozessgebühr* dürfte nach dem oben Besprochenen klar sein: In dem Verfahren ist für den Rechtsanwalt bereits zu Beginn eine 10/10 Prozessgebühr nach 31 I 1 BRAGO über einen Streitwert von 8 000 DM entstanden. Und dabei soll es dann auch bleiben (siehe oben **Regel 1** und **Regel 2**).

Wie steht es aber mit der Verhandlungsgebühr? Es wurde zweimal verhandelt, nämlich einmal über 8.000 DM und einmal über 6.000 DM. Wie wir schon gesehen haben, entsteht in derselben Angelegenheit (hier Instanz) nur eine Verhandlungsgebühr. Über welchen Gegenstandswert aber? Was meinen Sie: Wenn in der ersten Verhandlung eine 10/10 Verhandlungsgebühr über 8.000 DM entstanden ist - fällt diese Gebühr wohl später weg und reduziert sie sich auf einen niedrigeren Gegenstandswert, bloß weil später im Verlaufe des Prozesses über einen niedrigeren Streitwert noch einmal verhandelt wurde? Natürlich nicht, was entstanden ist, ist nun einmal entstanden und bleibt grundsätzlich erhalten!

REGEL 4

Wird über verschieden hohe Gegenstandswerte verhandelt, so wird der jeweils bei der Verhandlung höchste Gegenstandswert zugrunde gelegt.

Erstellen Sie nun die Kostenrechnung für Rechtsanwalt Rasche im Fall 20! Die Lösung finden Sie in dem Kapitel 7.7, Seite 97.

Lösung zu Fall 20

Zur Übung und Festigung folgt eine Variante. Denken Sie bei der Lösung an **Regel 4**!

Fall 21 (Die Verhandlung nach Erhöhung)

Rechtsanwalt Rasche erhebt für Martens Klage über 12.000,00 DM. Nach einer streitigen mündlichen Verhandlung erhöht der Kläger die Klageforderung um weitere 3.000,00 DM. Nach einer streitigen Verhandlung über die gesamten, zum Streit stehenden Forderungen ergeht ein Urteil.

Die Kostenrechnung müsste nach dem bisher Gesagten klar sein:

Lösung zu Fall 21

7.5   Die Beweisgebühr

7.5.1 Grundlagen

Fall 22 (Wie voriger Fall, zuzüglich Beweisaufnahme)

Rechtsanwalt Rasche erhebt für Martens Klage über 15.000,00 DM. Nach einer streitigen mündlichen Verhandlung erhöht der Kläger die Klageforderung um weitere 5.000,00 DM. Nach einer weiteren streitigen Verhandlung und einer Beweisaufnahme mit Weiterverhandlung ergeht ein Urteil.

Die Prozess- und Verhandlungsgebühr werden nach der Erhöhung der Klage über einen Gegenstandswert von 20.000 DM berechnet, das haben wir schon besprochen (s.o. **Regel 2** für die Prozessgebühr und **Regel 4** für die Verhandlungsgebühr). Die letztere Regel gilt natürlich auch für die Beweisgebühr, denn über den Betrag, über den Beweis erhoben wurde, kann auch die Beweisgebühr berechnet werden.

REGEL 5

Maßgeblich für den Gegenstandswert der Beweisgebühr ist der Betrag, über den Beweis erhoben wurde. Dabei zählen Erhöhungen und Ermäßigungen mit.

Über die Kostenrechnung kann nun kein Zweifel mehr bestehen, oder?

Lösung zu Fall 22

Sicherlich erscheint Ihnen nunmehr auch der nächste Fall leicht?

Fall 23 (Variante mit Erledigungserklärung)

Rechtsanwalt Rasche erhebt für Martens Klage über 18.000,00 DM. Nach einer streitigen mündlichen Verhandlung zahlt der Beklagte auf die Klageforderung einen Teilbetrag von 6.000,00 DM. Nach einer streitigen Verhandlung über die Restforderung und einer Beweisaufnahme mit Weiterverhandlung ergeht ein Urteil.

Über 18.000 DM wurde prozessiert und verhandelt, über diese Höhe entsteht auch die Prozessgebühr und Verhandlungsgebühr. Da aber lediglich über 12.000 DM Beweis erhoben wurde, lautet die Lösung:

Lösung zu Fall 23

....

....

....

....

....

....

....

....

7.5.2 Beweisaufnahmen über verschiedene Anspruchsteile

Überlegen Sie einmal folgenden Fall:

Fall 24 (Die zwei Beweisaufnahmen)

Rechtsanwalt Rasche erhebt für M Klage über 25.000,00 DM, nach einer streitigen mündlichen Verhandlung finden zwei Beweisaufnahmen statt, und zwar eine über eine Schadensersatzforderung von 10.000,00 DM und eine Beweisaufnahme über die Restforderung von 15.000,00 DM. Nach jeweiliger Weiterverhandlung ergeht ein Urteil.

In diesem Fall sind die Prozess- und Verhandlungsgebühren klar. Neu ist aber, dass zwei Beweisaufnahmen über unterschiedliche Gegenstandswerte stattgefunden haben, nämlich über 10.000 DM und über 15.000 DM. Hierfür gilt folgende ...

REGEL 6

Wird über *verschiedene Teile* der Klageforderung Beweis erhoben, so entsteht nur eine einzige Beweisgebühr. Maßgeblich hierfür ist jedoch die Summe der Anspruchsteile.

Die Summe der Anspruchsteile, über die es in der Beweisaufnahme ging, beträgt 25.000 DM. – Ergänzen Sie die Kostenrechnung:

Lösung zu Fall 24

10/10 Prozessgebühr, §§ 11, 31 I 1 BRAGO   1.025,00 DM

Gegenstandswert: 25.000,00 DM

10/10 Verhandlungsgebühr, §§ 11, 31 I 2 BRAGO

Gegenstandswert:

10/10 Beweisgebühr, §§ 11, 31 I 3 BRAGO

Gegenstandswert:

Postentgelte, §§ 11, 26 BRAGO   40,00 DM

16 % Umsatzsteuer, § 25 II BRAGO   467,25 DM

Summe: 3.582,25 DM

7.6 Die Erhöhung und Ermäßigung in einem Verfahren

Etwas schwieriger werden die Fälle, wenn in derselben Instanz der Gegenstandswert sowohl erhöht als auch ermäßigt wird.

Fall 25 (Erhöhung und Ermäßigung)

> Rechtsanwalt Rasche erhebt für Martens Klage über 12.000,00 DM, nach einer streitigen mündlichen Verhandlung zahlt der Beklagte auf die Klageforderung 3.000,00 DM, und insoweit erklären die Parteien in einem zweiten Termin übereinstimmend den Rechtsstreit für erledigt. Nach einer streitigen Verhandlung über den Rest folgt eine Beweisaufnahme mit Weiterverhandlung.
>
> Unter dem Eindruck des Ergebnisses der Beweisaufnahme erhöht der Kläger die Klage um 4.800,00 DM. Nach einer streitigen Verhandlung ergeht ein Urteil.

In Fällen dieser Art müssen wir die Gegenstandswerte für jede Gebühr gesondert berechnen:

Die Prozessgebühr:

Denken Sie an **Regel 2**: Die einmal in bestimmter Höhe entstandene Prozessgebühr wird bei einer Ermäßigung des Rechtsstreits nicht wieder herabgesetzt; sie ist ja bereits entstanden. Zunächst ist in unserem Fall eine Prozessgebühr über 12.000 DM entstanden, die Erledigungserklärung über 3.000 DM zählt nicht mit. Die Erhöhung von 4.800 DM muss dann aber wieder hinzugezählt werden, denn *dieser* Anspruch ist ja damit noch nicht durch die Prozessgebühr abgegolten. Damit beträgt der Gegenstandswert für die Prozessgebühr 12.000 DM + 4.800 DM = 16.800,00 DM.

Halten wir das Ergebnis für die Prozessgebühr noch einmal mit einer neuen Regel fest:

REGEL 7

Bei der Berechnung des Gegenstandswertes für die Prozessgebühr werden Ermäßigungen nicht abgezogen, Erhöhungen aber hinzugezählt.

Die Verhandlungsgebühr:

Denken Sie an **Regel 4**: Wird über verschieden hohe Gegenstandswerte verhandelt, so wird der jeweils bei der Verhandlung höchste Gegenstandswert zugrunde gelegt. - Wie oft ist in Fall 25 verhandelt worden und über welchen Gegenstandswert?

1. streitige Verhandlung: Gegenstandswert	12.000 DM
2. streitige Verhandlung: Gegenstandswert	9.000 DM
3. streitige Verhandlung: Gegenstandswert	13.800 DM

Der höchste Gegenstandswert beträgt also **13.800 DM**.

Die Beweisgebühr:

Wir hatten schon in **Regel 5** gesagt: Maßgeblich für den Gegenstandswert der Beweisgebühr ist der Betrag, über den Beweis erhoben wurde. Dabei zählen Erhöhungen und Ermäßigungen mit. Beweis wurde im Fall 25 lediglich ein einziges Mal erhoben, und zwar über 9.000 DM.

Lösung zu Fall 25

....

....

....

....

....

....

....

Summe:
....

Ein weiterer Fall:

Fall 26 (Verhandlung, Erledigungserklärung, Erhöhung)

Rechtsanwalt Rasche erhebt für Martens Klage über 60.000,00 DM. Nach einer streitigen mündlichen Verhandlung zahlt der Beklagte auf die Klageforderung 15.000,00 DM, und insoweit erklären die Parteien in einem zweiten Termin übereinstimmend den Rechtsstreit für erledigt. Nach einer streitigen Verhandlung über den Rest folgt eine Beweisaufnahme. Unter dem Eindruck des Ergebnisses der Beweisaufnahme erhöht der Kläger die Klage um 21.000,00 DM. Nach einer streitigen Verhandlung und einer weiteren Beweisaufnahme ergeht ein Urteil.

Denken Sie daran: Die Gegenstandswerte jeder Regelgebühr müssen Sie gesondert berechnen. Dabei dürfen Sie bei der Prozessgebühr keine Erledigungen abziehen, Erhöhungen sind aber hinzuzuzählen. Bei der Verhandlungs- und Beweisgebühr müssen Sie immer überlegen, um welchen Betrag es jeweils in diesem Termin ging.

Lösung zu Fall 26

....

....

....

....

....

....

....

Summe: ....

Zum Abschluss gibt es noch einen Fall mit Berufungsinstanz:

Fall 27 (Die Berufung)

Rechtsanwalt Rasche erhebt für Martens Klage über 24.000,00 DM, nach einer streitigen mündlichen Verhandlung zahlt der Beklagte auf die Klageforderung 4.000,00 DM, und insoweit erklären die Parteien in einem zweiten Termin übereinstimmend den Rechtsstreit für erledigt. Nach einer streitigen Verhandlung über den Rest folgt eine Beweisaufnahme mit Weiterverhandlung. Schließlich ergeht ein Urteil auf Zahlung von 15.000,00 DM.

Der Beklagte geht wegen dieses Betrages in die Berufung. Nach einer streitigen mündlichen Verhandlung und einer Beweisaufnahme mit Weiterverhandlung ergeht ein Urteil.

Kostenrechnungen für die Prozessbevollmächtigten?

Neben dem bisher Gesagten muss hier auch noch darauf geachtet werden, welcher Betrag als Gegenstandswert für die Berufungsinstanz maßgeblich ist.

Vervollständigen Sie den Lösungsansatz:

Lösung zu Fall 27 (Die Berufung)

Kostenrechnung für die 1. Instanz

10/10 Prozessgebühr, §§ 11, 31 I 1 BRAGO

Gegenstandswert:

10/10 Verhandlungsgebühr, §§ 11, 31 I 2 BRAGO

Gegenstandswert:

10/10 Beweisgebühr, §§ 11, 31 I 3 BRAGO

Gegenstandswert:

Postentgelte, § 26 BRAGO   40,00 DM

16 % Umsatzsteuer, § 25 II BRAGO

Summe:

Kostenrechnung für die 2. Instanz

Gegenstandswert:

13/10 Prozessgebühr, §§ 11, 31 I 1 BRAGO

13/10 Verhandlungsgebühr, §§ 11, 31 I 2 BRAGO

13/10 Beweisgebühr, §§ 11, 31 I 3 BRAGO

Postentgelte, § 26 BRAGO   40,00 DM

16 % Umsatzsteuer, § 25 II BRAGO

Summe:

7.7 Lösungen zu den Fällen

Lösung zu Fall 17

Es leuchtet ein, dass wir die Gegenstandswerte zusammenzählen, und wir erhalten als Ergebnis einen Streitwert von 18.000,00 DM.

Lösung zu Fall 18

10/10 Prozessgebühr, §§ 11, 31 I 1 BRAGO	320,00 DM
Gegenstandswert: 5.000,00 DM	
10/10 Verhandlungsgebühr, §§ 11, 31 I 2 BRAGO	320,00 DM
Gegenstandswert: 5.000,00 DM	
10/10 Beweisgebühr, §§ 11, 31 I 3 BRAGO	320,00 DM
Gegenstandswert: 5.000,00 DM	
Postentgelte, §§ 11, 26 BRAGO	40,00 DM
16 % Umsatzsteuer, § 25 II BRAGO	150,00 DM
Summe:	1.150,00 DM

Lösung zu Fall 19

10/10 Prozessgebühr, §§ 11, 31 I 1 BRAGO	210,00 DM
Gegenstandswert: 3.000,00 DM	
10/10 Verhandlungsgebühr, §§ 11, 31 I 2 BRAGO	170,00 DM
Gegenstandswert: 2.000,00 DM	
10/10 Beweisgebühr, §§ 11, 31 I 3 BRAGO	170,00 DM
Gegenstandswert: 2.000,00 DM	
Postentgelte, §§ 11, 26 BRAGO	40,00 DM
16 % Umsatzsteuer, § 25 II BRAGO	88,50 DM
Summe:	678,50 DM

Lösung zu Fall 20

10/10 Prozessgebühr, §§ 11, 31 I 1 BRAGO	485,00 DM
Gegenstandswert: 8.000,00 DM	
10/10 Verhandlungsgebühr, §§ 11, 31 I 2 BRAGO	485,00 DM
Gegenstandswert: 8.000,00 DM	
Postentgelte, §§ 11, 26 BRAGO	40,00 DM
16 % Umsatzsteuer, § 25 II BRAGO	151,50 DM
Summe:	1.161,50 DM

Lösung zu Fall 21

10/10 Prozessgebühr, §§ 11, 31 I 1 BRAGO	805,00 DM
Gegenstandswert: 15.000,00 DM	
10/10 Verhandlungsgebühr, §§ 11, 31 I 2 BRAGO	805,00 DM
Gegenstandswert: 15.000,00 DM	
Postentgelte, §§ 11, 26 BRAGO	40,00 DM
16 % Umsatzsteuer, § 25 II BRAGO	247,50 DM
Summe:	1.897,50 DM

Lösung zu Fall 22

10/10 Prozessgebühr, §§ 11, 31 I 1 BRAGO	945,00 DM
Gegenstandswert: 20.000,00 DM	
10/10 Verhandlungsgebühr, §§ 11, 31 I 2 BRAGO	945,00 DM
Gegenstandswert: 20.000,00 DM	
10/10 Beweisgebühr, §§ 11, 31 I 3 BRAGO	945,00 DM
Gegenstandswert: 20.000,00 DM	
Postentgelte, §§ 11, 26 BRAGO	40,00 DM
16 % Umsatzsteuer, § 25 II BRAGO	431,25 DM
Summe:	3.306,25 DM

Lösung zu Fall 23

10/10 Prozessgebühr, §§ 11, 31 I 1 BRAGO		875,00 DM
Gegenstandswert:	18.000,00 DM	
10/10 Verhandlungsgebühr, §§ 11, 31 I 2 BRAGO		875,00 DM
Gegenstandswert: 18.000,00 DM		
10/10 Beweisgebühr, §§ 11, 31 I 3 BRAGO		665,00 DM
Gegenstandswert: 12.000,00 DM		
Postentgelte, §§ 11, 26 BRAGO		40,00 DM
16 % Umsatzsteuer, § 25 II BRAGO		368,25 DM
Summe:		2.823,25 DM

Lösung zu Fall 24

10/10 Prozessgebühr, §§ 11, 31 I 1 BRAGO	1.025,00 DM
Gegenstandswert: 25.000,00 DM	
10/10 Verhandlungsgebühr, §§ 11, 31 I 2 BRAGO	1.025,00 DM
Gegenstandswert: 25.000,00 DM	
10/10 Beweisgebühr, §§ 11, 31 I 3 BRAGO	1.025,00 DM
Gegenstandswert: 25.000,00 DM	
Postentgelte, §§ 11, 26 BRAGO	40,00 DM
16 % Umsatzsteuer, § 25 II BRAGO	467,25 DM
Summe:	3.582,25 DM

Lösung zu Fall 25

10/10 Prozessgebühr, §§ 11, 31 I 1 BRAGO	875,00 DM
Gegenstandswert: 16.800,00 DM	
10/10 Verhandlungsgebühr, §§ 11, 31 I 2 BRAGO	735,00 DM
Gegenstandswert: 13.800,00 DM	
10/10 Beweisgebühr, §§ 11, 31 I 3 BRAGO	540,00 DM
Gegenstandswert: 9.000,00 DM	
Postentgelte, §§ 11, 26 BRAGO	40,00 DM
16 % Umsatzsteuer, § 25 II BRAGO	328,50 DM
Summe:	2.518,50 DM

Lösung zu Fall 26

10/10 Prozessgebühr, §§ 11, 31 I 1 BRAGO	1.985,00 DM
Gegenstandswert: 81.000,00 DM	
10/10 Verhandlungsgebühr, §§ 11, 31 I 2 BRAGO	1.705,00 DM
Gegenstandswert: 66.000,00 DM	
10/10 Beweisgebühr, §§ 11, 31 I 3 BRAGO	1.705,00 DM
Gegenstandswert: 66.000,00 DM	
Postentgelte, §§ 11, 26 BRAGO	40,00 DM
16 % Umsatzsteuer, § 25 II BRAGO	815,25 DM
Summe:	6.250,25 DM

Lösung zu Fall 27

1. Instanz:

10/10 Prozessgebühr, §§ 11, 31 I 1 BRAGO	1.025,00 DM
Gegenstandswert: 24.000,00 DM	
10/10 Verhandlungsgebühr, §§ 11, 31 I 2 BRAGO	1.025,00 DM
Gegenstandswert: 24.000,00 DM	
10/10 Beweisgebühr, §§ 11, 31 I 3 BRAGO	945,00 DM
Gegenstandswert: 20.000,00 DM	
Postentgelte, §§ 11, 26 BRAGO	40,00 DM
16 % Umsatzsteuer, § 25 II BRAGO	455,25 DM
Summe:	3.490,25 DM

2. Instanz – Gegenstandswert: 15.000,00 DM

13/10 Prozessgebühr, §§ 11, 31 I 1 BRAGO	1.046,50 DM
13/10 Verhandlungsgebühr, §§ 11, 31 I 2 BRAGO	1.046,50 DM
13/10 Beweisgebühr, §§ 11, 31 I 3 BRAGO	1.046,50 DM
Postentgelte, §§ 11, 26 BRAGO	40,00 DM
16 % Umsatzsteuer, § 25 II BRAGO	476,93 DM
Summe:	3.656,43 DM

7.8   Trainingsteil

Erstellen Sie die Kostenrechnungen in den nachfolgenden Fällen. Die Lösungen finden Sie ab Seite 110.

Aufgabe 13

Rechtsanwalt Rasche erhebt für Martens Klage über

4.000,00 DM	**Personenschaden (Heilkosten),**
6.000,00 DM	**Schmerzensgeld und**
5.000,00 DM	**entgangenen Gewinn. Nach Zustellung der Klageschrift erhöht der Kläger die Klageforderung um weitere**
3.000,00 DM.	

Nach einer streitigen mündlichen Verhandlung über die erhöhte Forderung und einer Beweisaufnahme mit Weiterverhandlung ergeht ein Urteil.

Summe:

Aufgabe 14

Rechtsanwalt Rasche erhebt für Martens Klage über 16.000,00 DM. Nach einer streitigen mündlichen Verhandlung zahlt der Beklagte auf die Klageforderung 4.000,00 DM, und insoweit erklären die Parteien in einem zweiten Termin übereinstimmend den Rechtsstreit für erledigt. Nach einer streitigen Verhandlung über den Rest ergeht ein Urteil.

Summe:

Aufgabe 15

Rechtsanwalt Rasche erhebt für Martens Klage über 40.000,00 DM. Nach Zustellung der Klageschrift zahlt der Beklagte auf die Klageforderung einen Teilbetrag von 10.000,00 DM. Nach einer streitigen mündlichen Verhandlung über die Restforderung und einer Beweisaufnahme mit Weiterverhandlung ergeht ein Urteil.

Summe:

Aufgabe 16

Rechtsanwalt Rasche erhebt für Martens Klage über 9.000,00 DM. Nach einer streitigen mündlichen Verhandlung zahlt der Beklagte auf die Klageforderung einen Teilbetrag von 3.000,00 DM. Nach einer streitigen Verhandlung über die Restforderung und einer Beweisaufnahme mit Weiterverhandlung ergeht ein Urteil.

Summe:

Aufgabe 17

Rechtsanwalt Rasche erhebt für Martens Klage über 36.000,00 DM. Nach einer streitigen mündlichen Verhandlung erhöht der Kläger die Klageforderung um weitere 12.000,00 DM. Nach einer streitigen Verhandlung und einer Beweisaufnahme mit Weiterverhandlung ergeht ein Urteil.

Summe:

Aufgabe 18

Rechtsanwalt Rasche erhebt für Martens Klage über 32.000,00 DM. Nach einer streitigen mündlichen Verhandlung zahlt der Beklagte auf die Klageforderung 8.000,00 DM, und insoweit erklären die Parteien in einem zweiten Termin übereinstimmend den Rechtsstreit für erledigt. Nach einer streitigen Verhandlung über den Rest folgt eine Beweisaufnahme mit Weiterverhandlung.

Unter dem Eindruck des Ergebnisses der Beweisaufnahme erhöht der Kläger die Klage um 12.800,00 DM. Es folgt über alle zum Streit stehenden Ansprüche eine streitige mündliche Verhandlung. Schließlich ergeht ein Urteil.

....

....

....

....

....

....

....

Summe:

Aufgabe 19

Rechtsanwalt Rasche erhebt für M Klage über 15.000,00 DM. Nach einer streitigen mündlichen Verhandlung finden zwei Beweisaufnahmen statt, und zwar eine über eine Schadensersatzforderung von 3.000,00 DM und eine Beweisaufnahme über einen Vertragsschaden von 5.000,00 DM. Nach jeweiliger Weiterverhandlung ergeht ein Urteil.

....

....

....

....

....

....

Summe:

Aufgabe 20

Rechtsanwalt Rasche erhebt für Martens Klage über 18.000,00 DM. Nach einer streitigen mündlichen Verhandlung zahlt der Beklagte auf die Klageforderung 2.000,00 DM. Insoweit erklären die Parteien in einem zweiten Termin übereinstimmend den Rechtsstreit für erledigt.

Nach einer streitigen Verhandlung über den Rest folgt eine Beweisaufnahme mit Weiterverhandlung. Schließlich ergeht ein Urteil auf Zahlung von 12.000,00 DM.

Der Beklagte geht wegen dieses Betrages in die Berufung. Nach einer streitigen mündlichen Verhandlung und einer Beweisaufnahme mit Weiterverhandlung ergeht ein Urteil.

Erstellen Sie die Kostenrechnungen für Rechtsanwalt Rasche, der auch in der zweiten Instanz als Prozessbevollmächtigter beauftragt war!

1. Instanz:

10/10 Prozessgebühr, §§ 11, 31 I 1 BRAGO

Gegenstandswert:

10/10 Verhandlungsgebühr, §§ 11, 31 I 2 BRAGO

Gegenstandswert:

10/10 Beweisgebühr, §§ 11, 31 I 3 BRAGO

Gegenstandswert:

Postentgelte, § 26 BRAGO

16 % Umsatzsteuer, § 25 II BRAGO

Summe:

2. Instanz – Gegenstandswert: 12.000,00 DM

Summe:

Aufgabe 21

Rechtsanwalt Rasche erhebt für Martens Klage über 45.000,00 DM, nach einer streitigen mündlichen Verhandlung zahlt der Beklagte auf die Klageforderung 5.400,00 DM. Insoweit erklären die Parteien in einem zweiten Termin übereinstimmend den Rechtsstreit für erledigt. Nach einer streitigen Verhandlung über den Rest folgt eine Beweisaufnahme mit Weiterverhandlung.

Unter dem Eindruck des Ergebnisses der Beweisaufnahme erhöht der Kläger die Klage um 15.750,00 DM. Nach einer streitigen Verhandlung ergeht ein Urteil, in dem der Beklagte zur Zahlung von 8.700,00 DM abgewiesen wird.

Der Beklagte geht wegen dieses Betrages in die Berufung. Nach einer streitigen mündlichen Verhandlung ergeht ein Urteil.

Erstellen Sie die Kostenrechnungen für Rechtsanwalt Rasche, der auch in der 2. Instanz als Prozessbevollmächtigter beauftragt war!

Aufgabe 22

Rechtsanwalt Rasche erhebt für M Klage über 52.000,00 DM. Nach einer streitigen mündlichen Verhandlung zahlt der Beklagte auf die Klageforderung 5.720,00 DM, und insoweit erklären die Parteien in einem zweiten

Termin übereinstimmend den Rechtsstreit für erledigt. Nach einer streitigen mündlichen Verhandlung über den Rest folgt eine Beweisaufnahme mit Weiterverhandlung.

Unter dem Eindruck des Ergebnisses der Beweisaufnahme erhöht der Kläger die Klage um 9.880,00 DM. Nach einer weiteren streitigen mündlichen Verhandlung ergeht ein Urteil, in dem die Klage abgewiesen wird.

Hiergegen geht Rechtsanwalt Rasche für den Kläger in die Berufung. Nach einer streitigen mündlichen Verhandlung und einer Beweisaufnahme mit Weiterverhandlung ergeht ein Urteil.

Erstellen Sie die Kostenrechnungen für Rechtsanwalt Rasche in beiden Instanzen!

1. Instanz:

10/10 Prozessgebühr, §§ 11, 31 I 1 BRAGO

Gegenstandswert:

10/10 Verhandlungsgebühr, §§ 11, 31 I 2 BRAGO

Gegenstandswert:

10/10 Beweisgebühr, §§ 11, 31 I 3 BRAGO

Gegenstandswert:

Postentgelte, § 26 BRAGO   40,00 DM

16 % Umsatzsteuer, § 25 II BRAGO

Summe:

2. Instanz - Gegenstandswert:

13/10 Prozessgebühr, §§ 11, 31 I 1 BRAGO

13/10 Verhandlungsgebühr, §§ 11, 31 I 2 BRAGO

13/10 Beweisgebühr, §§ 11, 31 I 3 BRAGO

Postentgelte, § 26 BRAGO

16 % Umsatzsteuer, § 25 II BRAGO

Summe:

7.9   Testen Sie sich selbst: Test- und Prüfungsfragen

1.   Was für eine Art von Gebühr sind die Regelgebühren?

Die Regelgebühren sind Wertgebühren, weil sich ihre Höhe nach dem jeweiligen Gegenstandswert bemisst.
Die Regelgebühren sind zugleich Pausch(al)gebühren, weil sie pauschal die gesamte Tätigkeit des Rechtsanwalts in dem Prozess abgelten.

2.   Wie berechnen Sie den Gegenstandswert, wenn in derselben Instanz _mehrere_ Ansprüche geltend gemacht werden?

In diesem Fall werden die Werte mehrerer Gegenstände zusammengerechnet (§ 7 II BRAGO).

3.   Wie berechnen Sie den Gegenstandswert für die Prozessgebühr, wenn im Verlaufe des Prozesses Ansprüche für erledigt erklärt werden?

Die einmal in bestimmter Höhe entstandene Prozessgebühr wird bei einer Ermäßigung des Rechtsstreits nicht wieder herabgesetzt.

4.   Wie berechnen Sie den Gegenstandswert für die Prozessgebühr, wenn im Verlaufe des Prozesses weitere Ansprüche geltend gemacht werden?

Die Ansprüche werden zusammengezählt.

5.   Gibt es für die Erledigungserklärung eine Gebühr?

Nein, sie ist eine rein prozessuale Erklärung.

6.   Wie entscheidet das Gericht bei einer Erledigungserklärung?

Das Gericht entscheidet lediglich noch über die Kosten nach „billigem" Ermessen durch Beschluss.

7.   Welchen Maßstab legt das Gericht bei dieser Entscheidung an?

Maßgeblich ist der mutmaßliche Ausgang des Prozesses: Wer voraussichtlich diesen Anspruch nach dem derzeitigen Stand des Prozesses hätte bezahlen müssen, der muss dann insoweit auch die Kosten tragen.

8. **Wie wirkt es sich auf die Kostenrechnung aus, wenn in derselben Instanz mehrmals über verschieden hohe Beträge *verhandelt* wurde?**

   Wird über verschieden hohe Gegenstandswerte verhandelt, so entsteht gleichwohl nur eine Verhandlungsgebühr mit dem höchsten Gegenstandswert, um den verhandelt wurde.

9. **Wie wirkt es sich auf die Kostenrechnung aus, wenn in derselben Instanz mehrmals über verschieden hohe Beträge *Beweis* erhoben wurde?**

   Wird über verschieden hohe Gegenstandswerte Beweis erhoben, so entsteht gleichwohl nur eine Beweisgebühr von dem höchsten Gegenstandswert, um den Beweis erhoben wurde.

10. **Wie wird der Gegenstandswert für die Beweisgebühr berechnet, wenn über verschiedene Teile der Klageforderung Beweis erhoben wurde (z. B. Körperschaden und Verdienstausfall)?**

    Maßgeblich hierfür ist die Summe der Anspruchsteile.

11. **Wie viel Beweisgebühren werden in diesem Falle berechnet?**

    Es entsteht nur eine einzige Beweisgebühr.

12. **Gehen im Verlaufe des Prozesses erfolgte**
    a) Zahlungen (Erledigungserklärungen)
    b) Erhöhungen
    in die Streitwertberechnung für die Prozessgebühr ein?

    a) Ermäßigungen werden bei der Prozessgebühr nicht berücksichtigt,

    b) Erhöhungen ja.

7.10 Lösungen zum Trainingsteil

Lösung zu Aufgabe 13

10/10 Prozessgebühr, §§ 11, 31 I 1 BRAGO	875,00 DM
Gegenstandswert: 18.000,00 DM	
10/10 Verhandlungsgebühr, §§ 11, 31 I 2 BRAGO	875,00 DM
Gegenstandswert: 18.000,00 DM	
10/10 Beweisgebühr, §§ 11, 31 I 3 BRAGO	875,00 DM
Gegenstandswert: 18.000,00 DM	
Postentgelte, § 26 BRAGO	40,00 DM
16 % Umsatzsteuer, § 25 II BRAGO	399,75 DM
Summe:	3.064,75 DM

Lösung zu Aufgabe 14

10/10 Prozessgebühr, §§ 11, 31 I 1 BRAGO	805,00 DM
Gegenstandswert: 16.000,00 DM	
10/10 Verhandlungsgebühr, §§ 11, 31 I 2 BRAGO	805,00 DM
Gegenstandswert: 16.000,00 DM	
Postentgelte, §§ 11, 26 BRAGO	40,00 DM
16 % Umsatzsteuer, § 25 II BRAGO	247,50 DM
Summe:	1.897,50 DM

Lösung zu Aufgabe 15

10/10 Prozessgebühr, §§ 11, 31 I 1 BRAGO	1.265,00 DM
Gegenstandswert: 40.000,00 DM	
10/10 Verhandlungsgebühr, §§ 11, 31 I 2 BRAGO	1.105,00 DM
Gegenstandswert: 30.000,00 DM	
10/10 Beweisgebühr, §§ 11, 31 I 3 BRAGO	1.105,00 DM
Gegenstandswert: 30.000,00 DM	
Postentgelte, §§ 11, 26 BRAGO	40,00 DM
16 % Umsatzsteuer, § 25 II BRAGO	527,25 DM
Summe:	4.042,25 DM

Lösung zu Aufgabe 16

10/10 Prozessgebühr, §§ 11, 31 I 1 BRAGO		540,00 DM
Gegenstandswert:	9.000,00 DM	
10/10 Verhandlungsgebühr, §§ 11, 31 I 2 BRAGO		540,00 DM
Gegenstandswert:	9.000,00 DM	
10/10 Beweisgebühr, §§ 11, 31 I 3 BRAGO		375,00 DM
Gegenstandswert: 6.000,00 DM		
Postentgelte, §§ 11, 26 BRAGO		40,00 DM
16 % Umsatzsteuer, § 25 II BRAGO		224,25 DM
Summe:		1.719,25 DM

Lösung zu Aufgabe 17

10/10 Prozessgebühr, §§ 11, 31 I 1 BRAGO	1.425,00 DM
Gegenstandswert: 48.000,00 DM	
10/10 Verhandlungsgebühr, §§ 11, 31 I 2 BRAGO	1.425,00 DM
Gegenstandswert: 48.000,00 DM	
10/10 Beweisgebühr, §§ 11, 31 I 3 BRAGO	1.425,00 DM
Gegenstandswert: 48.000,00 DM	
Postentgelte, §§ 11, 26 BRAGO	40,00 DM
16 % Umsatzsteuer, § 25 II BRAGO	647,25 DM
Summe:	4.962,25 DM

Lösung zu Aufgabe 18

10/10 Prozessgebühr, §§ 11, 31 I 1 BRAGO	1.345,00 DM
Gegenstandswert: 44.800,00 DM	
10/10 Verhandlungsgebühr, §§ 11, 31 I 2 BRAGO	1.265,00 DM
Gegenstandswert: 36.800,00 DM	
10/10 Beweisgebühr, §§ 11, 31 I 3 BRAGO	1.025,00 DM
Gegenstandswert: 24.000,00 DM	
Postentgelte, §§ 11, 26 BRAGO	40,00 DM
16 % Umsatzsteuer, § 25 II BRAGO	551,25 DM
Summe:	4.226,25 DM

Lösung zu Aufgabe 19

10/10 Prozessgebühr, §§ 11, 31 I 1 BRAGO	805,00 DM
Gegenstandswert: 15.000,00 DM	
10/10 Verhandlungsgebühr, §§ 11, 31 I 2 BRAGO	805,00 DM
Gegenstandswert: 15.000,00 DM	
10/10 Beweisgebühr, §§ 11, 31 I 3 BRAGO	485,00 DM
Gegenstandswert: 8.000,00 DM	
Postentgelte, §§ 11, 26 BRAGO	40,00 DM
16 % Umsatzsteuer, § 25 II BRAGO	320,25 DM
Summe:	2.455,25 DM

Lösung zu Aufgabe 20

1. Instanz:

10/10 Prozessgebühr, §§ 11, 31 I 1 BRAGO	875,00 DM
Gegenstandswert: 18.000,00 DM	
10/10 Verhandlungsgebühr, §§ 11, 31 I 2 BRAGO	875,00 DM
Gegenstandswert: 18.000,00 DM	
10/10 Beweisgebühr, §§ 11, 31 I 3 BRAGO	805,00 DM
Gegenstandswert: 16.000,00 DM	
Postentgelte, §§ 11, 26 BRAGO	40,00 DM
16 % Umsatzsteuer, § 25 II BRAGO	389,25 DM
Summe:	2.984,25 DM

2. Instanz - Gegenstandswert: 12.000,00 DM

13/10 Prozessgebühr, §§ 11, 31 I 1 BRAGO	864,50 DM
13/10 Verhandlungsgebühr, §§ 11, 31 I 2 BRAGO	864,50 DM
13/10 Beweisgebühr, §§ 11, 31 I 3 BRAGO	864,50 DM
Postentgelte, §§ 11, 26 BRAGO	40,00 DM
16 % Umsatzsteuer, § 25 II BRAGO	395,03 DM
Summe:	3.028,53 DM

Lösung zu Aufgabe 21

1. Instanz:

10/10 Prozessgebühr, §§ 11, 31 I 1 BRAGO	1.705,00 DM
Gegenstandswert: 60.750,00 DM	
10/10 Verhandlungsgebühr, §§ 11, 31 I 2 BRAGO	1.565,00 DM
Gegenstandswert: 55.350,00 DM	
10/10 Beweisgebühr, §§ 11, 31 I 3 BRAGO	1.265,00 DM
Gegenstandswert: 39.600,00 DM	
Postentgelte, §§ 11, 26 BRAGO	40,00 DM
16 % Umsatzsteuer, § 25 II BRAGO	686,25 DM
Summe:	5.261,25 DM

2. Instanz - Gegenstandswert: 8.700,00 DM

13/10 Prozessgebühr, §§ 11, 31 I 1 BRAGO	702,00 DM
13/10 Verhandlungsgebühr, §§ 11, 31 I 2 BRAGO	702,00 DM
Postentgelte, §§ 11, 26 BRAGO	40,00 DM
16 % Umsatzsteuer, § 25 II BRAGO	216,60 DM
Summe:	1.660,60 DM

Lösung zu Aufgabe 22

1. Instanz:

10/10 Prozessgebühr, §§ 11, 31 I 1 BRAGO	1.705,00 DM
Gegenstandswert: 61.880,00 DM	
10/10 Verhandlungsgebühr, §§ 11, 31 I 2 BRAGO	1.565,00 DM
Gegenstandswert: 56.160,00 DM	
10/10 Beweisgebühr, §§ 11, 31 I 3 BRAGO	1.425,00 DM
Gegenstandswert: 46.280,00 DM	
Postentgelte, §§ 11, 26 BRAGO	40,00 DM
16 % Umsatzsteuer, § 25 II BRAGO	710,25 DM
Summe:	5.445,25 DM

2. Instanz - Gegenstandswert: 56.160,00 DM

13/10 Prozessgebühr, §§ 11, 31 I 1 BRAGO	2.034,50 DM
13/10 Verhandlungsgebühr, §§ 11, 31 I 2 BRAGO	2.034,50 DM
13/10 Beweisgebühr, §§ 11, 31 I 3 BRAGO	2.034,50 DM
Postentgelte, §§ 11, 26 BRAGO	40,00 DM
16 % Umsatzsteuer, § 25 II BRAGO	921,53 DM
Summe:	7.065,03 DM

Sie haben es geschafft! Wenn Sie zum Thema dieses Kursheftes weitere Informationen wünschen, dann ziehen Sie Werke der in dem Kapitel 9, Seite 119, erwähnten Literatur (Kommentar oder Lehrbuch) hinzu.

Sie haben Verbesserungsvorschläge? Meine E-Mail-Adresse befindet sich am Schluss des Vorworts. Ich freue mich auf Ihre Zuschrift!

8 Verzeichnis der Fälle, Aufgaben und Lösungen

Die nachfolgenden Übersichten und Hinweise sollen Ihnen helfen, bei einer Wiederholung der Themen schnell die gesuchten Fälle wiederaufzufinden.

8.1 Fälle

8.2   Lösungen der Fälle

8.3   Aufgaben des Trainingsteils

8.4 Lösungen der Aufgaben

9 Literaturhinweise

Hier kann nur eine kurze Auswahl angeboten werden, dafür sollen Ihnen einige Bemerkungen bei der Einschätzung helfen, welche Literatur Sie gegebenenfalls heranziehen können.

9.1 Kommentare

Haben Sie Verständnis- und Auslegungsschwierigkeiten mit konkreten Vorschriften der BRAGO? Hier hilft ein Blick in die Kommentierung insbesondere von

Gerold/Schmidt/von Eicken/Madert: Bundesgebührenordnung für Rechtsanwälte, Kommentar, Verlag C. H. Beck, München. Dieser in der Praxis bekannte Kommentar erscheint in regelmäßigen Neuauflagen.

Hansens, Heinz: Bundesgebührenordnung für Rechtsanwälte, Kommentar, Verlag C. H. Beck, München. Auch dieser häufig neu aufgelegte Kommentar wird Ihnen in Zweifelsfällen sicherlich weiterhelfen. Er ist wesentlich preiswerter als der vorherige, auch kleiner im Format, doch mit der kleiner gewählten Schrifttype stimmt neben dem qualitativen auch der quantitative Inhaltsaspekt.

9.2 Lehrbücher

Für RENO-Angestellte gibt es eine Fülle von Werken, von denen ich nur eine Auswahl kommentieren kann:

von Geisau-Mühle: Fachkunde für Rechtsanwalts- und Notarfachangestellte, Stam Verlag Köln und München

Kähler/Nolte/Erlemann/Steffen/Zöller: Fachkunde für die Rechtsanwaltspraxis, Merkur Verlag Rinteln. Dieses Schulbuch wird auch deshalb im Rechtsanwaltsbüros gerne bestellt, weil es auch einen ausführlichen Teil zum Berufsrecht des Rechtsanwalts enthält.

Lutz, Ferdinand/Meyer, Gabriela: Fachkunde für Rechtsanwalts- und Notarfachangestellte, Verlag Europa-Lehrmittel, Haan-Gruiten. Bei diesem Buch
und den beiden folgenden handelt es sich um Schulbücher.

Den geschilderten drei Schulbüchern ist gemeinsam, dass sie, um zugelassen
zu werden, den gesamten umfangreichen Lernstoff enthalten müssen, wie er in
dem Bundesrahmenlehrplan bzw. den Lehrplänen der Länder enthalten ist.
Dadurch kommen natürlich viele schwierigen Gebiete, die von den Prüflingen
beherrscht werden müssen und die auch in der Praxis immer wieder auftau-
chen, oft zu kurz. Der Band von Lutz, Ferdinand/Meyer, Gabriela enthält
immerhin noch Aufgaben mit einem dazu erhältlichen Lösungsheft.

Durchaus nicht ausführlicher sind die nachfolgenden Bände, die zwar die drei
Säulen der Fachkunde (Verfahrensrecht, Vollstreckungsrecht, Gebührenrecht)
nicht in einem Band vereinigen, dafür aber deutlich dünner sind, so dass sie
insgesamt auch nicht mehr als eines der oben genannten Lehrbücher ergeben:

Vogt, Hans-Egon: Rechtslehre für RENO-Klassen. Teil I: Der Zivilprozes,
Gehlen Verlag, Bad Homburg v. d. Höhe

- *ders.:* Rechtslehre für RENO-Klassen. Teil II. Die Zwangsvollstreckung,
Gehlen Verlag, Bad Homburg v. d. Höhe

Kageler, Herwig/Schmidt-Reißig, Jürgen: Das Kostenrecht - Ein Leitfaden für
das Notariat, Gehlen Verlag, Bad Homburg v. d. Höhe

Auf das Gebührenrecht beschränkt, aber ebenfalls mit Aufgaben versehen sind
die Bücher von

Lutz, Ferdinand: Kosten- und Gebührenrecht für Rechtsanwalts- und Notarfachangestellte, Verlag Europa-Lehrmittel, Haan-Gruiten. Auch hier können Sie noch das Lösungsheft zusätzlich erwerben.

Podlech-Trappmann, Bernd: BRAGO - Basiswissen, Deutscher Anwalt-
Verlag, Bonn

Weitere lobenswerte Bücher zum Gebührenrecht sind die von

Madert, Wolfgang: Anwaltsgebühren in Zivilsachen, Deutscher Anwaltverlag,
Bonn und von

Scherer, Michael: Grundlagen des Kostenrechts - BRAGO und GKG, Merkur
Verlag, Rinteln

Bekannt ist auch das folgende Buch:

Enders, Horst-Reiner: Die BRAGO für Anfänger, Verlag C.H. Beck, München

Vom Autor dieser Kursreihe ist für den RENO-Bereich noch erhältlich:

Karsten Roeser: Abschlussprüfung für Rechtsanwalts- und Notarfachangestellte. Fachkunde. Über 620 Prüfungsfragen und Fälle mit Lösungen, Gabler Verlag, Wiesbaden. Dieses Buch ist auf die wichtigen Prüfungsthemen konzentriert und lässt dafür unwesentlichere Themen weg. Nach jedem Kapitel, in dem der Prüfungsstoff kurz dargestellt wir, kann das Thema mit Frage und Antworten gefestigt werden. - Darauf aufbauend gibt es noch von demselben Autor:

- *ders.:* Abschlussprüfung für Rechtsanwalts- und Notarfachangestellte. Training Fachkunde. Über 220 Fälle mit Lösungen, Gabler Verlag, Wiesbaden. Hier finden sich zahlreiche Aufgaben und Prüfungsarbeiten je mit Musterlösung aus den Themen, die in dem vorherigen Buch „Abschlussprüfung" besprochen wurden.

Auf die Prüfung für Notarfachangestellte, also die Notariatskunde spezialisiert sich das Buch von

Dannenberg-Mletzko, Lena-Maria: Abschlussprüfung für Rechtsanwalts- und Notarfachangestellte. Notariatskunde, Gabler Verlag, Wiesbaden. Das Buch ist geeignet für Notarfachangestellte und für Rechtsanwalts- und Notarfachangestellte. Für die zuletzt genannten RENO-Angestellten ist es zugleich eine ideale Ergänzung zu den oben genannten Prüfungsbüchern von Karsten Roeser.

Prüfungsarbeiten werden auch in der Fachbezogenen Informationsverarbeitung geschrieben. Hier hilft das Buch von

Hau, Werner/Suhens, Martina/Winkelmann, Lieselotte: Fachbezogene Informationsverarbeitung. Über 160 Aufgaben und Fälle mit Lösungen für Rechtsanwalts- und Notarfachangestellte. Gabler Verlag, Wiesbaden. Von Werner Hau sind weitere sehr brauchbare Prüfungsbücher im gleichen Verlag in den Fächern Wirtschaftslehre und Rechnungswesen erschienen. Auf diese Fächer soll jedoch im Rahmen dieser fachkundlichen Reihe nicht weiter eingegangen werden.

10 Gebührentabelle nach § 11 BRAGO

Wert bis DM	10/10	3/10	5/10	7,5/10	13/10	13/20
600,00	50,00	20,00	25,00	37,50	65,00	32,50
1.200,00	90,00	27,00	45,00	67,50	117,00	58,50
1.800,00	130,00	39,00	65,00	97,50	169,00	84,50
2.400,00	170,00	51,00	85,00	127,50	221,00	110,50
3.000,00	210,00	63,00	105,00	157,50	273,00	136,50
4.000,00	265,00	79,50	132,50	198,80	344,50	172,30
5.000,00	320,00	96,00	160,00	240,00	416,00	208,00
6.000,00	375,00	112,50	187,50	281,30	487,50	243,80
7.000,00	430,00	129,00	215,00	322,50	559,00	279,50
8.000,00	485,00	145,50	242,50	363,80	630,50	315,30
9.000,00	540,00	162,00	270,00	405,00	702,00	351,00
10.000,00	595,00	178,50	297,50	446,30	773,50	386,80
12.000,00	665,00	199,50	332,50	498,80	864,50	432,30
14.000,00	735,00	220,50	367,50	551,30	955,50	477,80
16.000,00	805,00	241,50	402,50	603,80	1.046,50	523,30
18.000,00	875,00	262,50	437,50	656,30	1.137,50	568,80
20.000,00	945,00	283,50	472,50	708,80	1.228,50	614,30
25.000,00	1.025,00	307,50	512,50	768,80	1.332,50	666,30
30.000,00	1.105,00	331,50	552,50	828,80	1.436,50	718,30
35.000,00	1.185,00	355,50	592,50	888,80	1.540,50	770,30
40.000,00	1.265,00	379,50	632,50	948,80	1.644,50	822,30
45.000,00	1.345,00	403,50	672,50	1.008,80	1.748,50	874,30
50.000,00	1.425,00	427,50	712,50	1.068,80	1.852,50	926,30
60.000,00	1.565,00	469,50	782,50	1.173,80	2.034,50	1.017,30
70.000,00	1.705,00	511,50	852,50	1.278,80	2.216,50	1.108,30
80.000,00	1.845,00	553,50	922,50	1.383,80	2.398,50	1.199,30
90.000,00	1.985,00	595,50	992,50	1.488,80	2.580,50	1.290,30
100.000,00	2.125,00	637,50	1.062,50	1.593,80	2.762,50	1.381,30

Wert bis DM	10/10	3/10	5/10	7,5/10	13/10	13/20
130.000,00	2.285,00	685,50	1.142,50	1.713,80	2.970,50	1.485,30
160.000,00	2.445,00	733,50	1.222,50	1.833,80	3.178,50	1.589,30
190.000,00	2.605,00	781,50	1.302,50	1.953,80	3.386,50	1.693,30
220.000,00	2.765,00	829,50	1.382,50	2.073,80	3.594,50	1.797,30
250.000,00	2.925,00	877,50	1.462,50	2.193,80	3.802,50	1.901,30
280.000,00	3.085,00	925,50	1.542,50	2.313,80	4.010,50	2.005,30
310.000,00	3.245,00	973,50	1.622,50	2.433,80	4.218,50	2.109,30
340.000,00	3.405,00	1.021,50	1.702,50	2.553,80	4.426,50	2.213,30
370.000,00	3.565,00	1.069,50	1.782,50	2.673,80	4.634,50	2.317,30
400.000,00	3.725,00	1.117,50	1.862,50	2.793,80	4.842,50	2.421,30
460.000,00	3.975,00	1.192,50	1.987,50	2.981,30	5.167,50	2.583,80
520.000,00	4.225,00	1.267,50	2.112,50	3.168,80	5.492,50	2.746,30
580.000,00	4.475,00	1.342,50	2.237,50	3.356,30	5.817,50	2.908,80
640.000,00	4.725,00	1.417,50	2.362,50	3.543,80	6.142,50	3.071,30
700.000,00	4.975,00	1.492,50	2.487,50	3.731,30	6.467,50	3.233,80
760.000,00	5.225,00	1.567,50	2.612,50	3.918,80	6.792,50	3.396,30
820.000,00	5.475,00	1.642,50	2.737,50	4.106,30	7.117,50	3.558,80
880.000,00	5.725,00	1.717,50	2.862,50	4.293,80	7.442,50	3.721,30
940.000,00	5.975,00	1.792,50	2.987,50	4.481,30	7.767,50	3.883,80
1.000.000,00	6.225,00	1.867,50	3.112,50	4.668,80	8.092,50	4.046,30

Schlagwortverzeichnis

Fit für Prüfung und Praxis

Die Reihe „Prüfung und Praxis für Rechtsanwaltsfachangestellte" füllt eine schon lange bestehende Lücke: Sind Lehrbücher häufig zu umfassend und theoretisch aufgebaut, so werden hier die Themen zunächst erläutert, dann an

- Beispielen vorgeführt und schließlich in einem weiteren Kapitel trainiert.
- Sie werden beim Lernen mit weiterführenden Hilfen durch den Stoff geführt.
- Zahlreiche Beispiele aus der täglichen Praxis runden die Themen ebenso ab wie
- Fälle aus vergangenen Prüfungen.
  Wer fit für die Prüfung werden will, kontrolliert sein frisch erworbenes Wissen mit zahlreichen, den Kapiteln beigefügten Test- und Prüfungsfragen.

Die Reihe wendet sich an alle im Rechtsanwaltsbüro beschäftigten Angestellten, an Auszubildende, Prüflinge, Umschüler/innen - und natürlich auch an Rechtsanwälte, Bürovorsteher und Lehrer selbst.

Inhalt:

Die vorliegenden drei Bände behandeln die wesentlichen Aspekte der Gebührenordnung für Rechtsanwälte:

- die Regelgebühren
- die außergerichtlichen Gebühren und
- die Vergleichsgebühr

Karsten Roeser
Prüfung und Praxis für Rechtsanwaltsfachangestellte:
Die außergerichtlichen Gebühren des Rechtsanwalts
2000., 148 S., Br. DM 29,80
ISBN 3-409-11650-8

Karsten Roeser
Prüfung und Praxis für Rechtsanwaltsfachangestellte:
Die Vergleichsgebühr
2000., 119 S., Br. DM 29,80
ISBN 3-409-11651-6

Karsten Roeser
Prüfung und Praxis für Rechtsanwaltsfachangestellte:
Die Regelgebühren im Zivilprozess
2000., 128 S., Br. DM 29,80
ISBN 3-409-11652-4